하심, 마음은 강처럼 아래로 흐른다

## 하심, 마음은 강처럼 아래로 흐른다

초판 1쇄 발행 2024. 1. 19.

**지은이** 허관회
**펴낸이** 김병호
**펴낸곳** 주식회사 바른북스

**편집진행** 황금주
**디자인** 양헌경

**등록** 2019년 4월 3일 제2019-000040호
**주소** 서울시 성동구 연무장5길 9-16, 301호 (성수동2가, 블루스톤타워)
**대표전화** 070-7857-9719 | **경영지원** 02-3409-9719 | **팩스** 070-7610-9820

• 바른북스는 여러분의 다양한 아이디어와 원고 투고를 설레는 마음으로 기다리고 있습니다.

**이메일** barunbooks21@naver.com | **원고투고** barunbooks21@naver.com
**홈페이지** www.barunbooks.com | **공식 블로그** blog.naver.com/barunbooks7
**공식 포스트** post.naver.com/barunbooks7 | **페이스북** facebook.com/barunbooks7

ⓒ 허관회, 2024
ISBN 979-11-93647-63-9 03810

• 파본이나 잘못된 책은 구입하신 곳에서 교환해드립니다.
• 이 책은 저작권법에 따라 보호를 받는 저작물이므로 무단전재 및 복제를 금지하며,
이 책 내용의 전부 및 일부를 이용하려면 반드시 저작권자와 도서출판 바른북스의 서면동의를 받아야 합니다.

허관회 산문

# 下 心
하 심

## 마음은 강처럼 아래로 흐른다
### SK인으로 사십 해

바른북스

## 추천의 말

　출간하는 책의 추천서를 써달라는 부탁을 받고 그의 청탁이라면 마땅하고 당연하다는 듯 선뜻 수락을 했다.
　초고를 전자메일로 받아서 읽기 시작하면서, 처음부터 끝까지 감동의 연속이었다. 눈물을 흘리기도 하고, 고요히 눈을 감고 합장을 하며 머물러 되새김질하기도 하면서 읽었다.
　근 300페이지의 책을 두 번에 걸쳐 다 읽었다.
　책 한 권을 다 읽어 마친 한 줄 소감은, "한 권의 위인전이구나!"였다.

　책 읽기를 좋아하는 나는 초등학교 때 위인전을 더러 읽었다. 위인전들은 항상 내게 두 개의 키워드를 안겨줬다. 소망과 기도였다.
　나도 이렇게 세상에 유익한 훌륭한 사람이 되어야지, 하는 결심과 그리되도록 살아갈 것이라는 희망으로 진지했다. 그리고 꼭 그리 살아가도록 잘 안내해 주시라고 내 안에 자리한 하느님께 기도했다. 그런 심리가 나의 중대한 속 살림 하나였다.

그런데! 저자의 일대기라 할 수 있는 이 책을 읽고서는, "내가 다시 태어나도 이처럼 살아낼 수 있을까?"라는 생각으로 짐짓 숙연하고 낮은 마음이 되었다.

역대 위인전들을 읽으면서 자연스럽고 호기 넘치게 소망하며 기도하던 때와 달리, 이 책의 일대기에서는 왜 바로 나의 번지수를 인정하며 낮은 마음이 되었을까?

책의 저자를 가까이서 지켜보았고, 책에 나오는 내용들이 너무도 진실이기 때문에 감히 견줄 수가 없어서일지 모른다. 책을 통하여 내가 알고 있는 사실보다 더 자세히 삶의 여정을 알고 나니, 자연스레 더 겸손해진 게 아닐까!

그러면서 기분은 더 좋았다.

옛 위인들의 생애를 접할 때 느꼈던 것과 비교되면서 말이다. 그때는, "저분이니까 이리되실 수 있었겠지!"라고 하는 위인들에 대한 미지의 영역이 심리적으로 나를 슬쩍 관대해지게 했었다면, 이 책에 대해서는 미지의 영역이 없는 바로 코앞의 지인이고 책의 저자를 아는 사람들이 주변에 너무도 많기 때문에 모든 내용이 거짓으로 보태어 과장할 수가 없는 사실(Fact)들이기에 더 실감적인 존경과 경이의 박수가 우러나와서인지, 은근슬쩍 가져왔던 관대함이 내게 끼어들 여지가 없었다.

그냥, "졌다!"라는 표현으로 박수할 수밖에 없었다. 이기고 지고가 어디 있을까마는 그 표현이 가장, 그의 한 생을 찬양하기에 딱 어울리는 단어일 것 같아서다.

　덧붙이는 말씀으로, 저자는 나를 매우 존경하고 스승이라 칭하며 예가 극진한데 그 존경과 스승이라는 말이 마음이 아니라 물건이라면 정중히 반납해 드리고 싶을 만치다.

　이 책이 나오면, 주변에 두루 소개하여 읽게 하고 싶다. 아직 살아 있는 위인 한 분의 삶의 족적을 접하면서 우리 모두, 살아온 걸음걸음을 점검해 보고 살아갈 걸음들을 계획해 보는 참 좋은 푯대가 될 것 같다.

　이 책의 추천서 씀을 귀히 여기며, 매우 기쁘다.

장수 명상의 집 중휴당에서<br>
대화(大和) 씀

처음 아버지의 글 뭉치를 받았을 때, 저는 좀처럼 시작하지 못했습니다. 아버지의 삶이 순탄하지만은 않았다는 것을 딸인 저는 알고 있었기 때문입니다. 그리고 아버지의 글은 할머니의 죽음으로 시작됩니다. 아마도 아버지의 기억은, 아버지의 인생은 그때부터 시작된 것 같습니다.

아버지는 이 책에 꼭 'SK인(人)으로 사십 년'이라는 문구가 들어가기를 바라셨습니다. 아버지의 첫딸인 저는 아버지의 바람대로 SK에 입사하지 않았고, 어머니의 바람대로 교사가 되거나 교수가 되지도 않았습니다. 저의 직업은 기자입니다. 세 권의 책을 냈고, 회사에서는 저를 허 부장이라고 부릅니다. 제가 하고 싶은 일을 선택했지만 아버지도 저도 회사에서는 '허 부장'이라고 불린다는 게 저는 묘하게 느껴집니다. 작은딸인 문선도 책을 한 권 냈고, 또 출판사에서 일하고 있습니다. 저희는 글을 쓰거나 글을 다루는 일을 합니다. 저희에게 언어적 재능이 있다면 아마도 교사이신 어머니로부터 온 것이지 않을까 싶었지만 아버지의 글을 보면서, 사실은 아버지로부터 온 것은 아닐까 생각했습니다. 어쩌면 아버지께서는 이제야 재능을 발하게 되었는지도 모르죠.

아버지의 글을 읽으면서 많이 슬플 거라고 예상했지만, 아버지의 인생은 또한 행복하기도 합니다. 아버지 인생의 모든 빛나는 순간이 담겨 있고, 또 물러날 때를 받아들이며 다음을 준비하기도 합니다. 이것은 아마 모든 인간의 숙명일 것입니다. 아버지는 늘 성실하며, 실수를 통해 배우고 늘 겸손합니다. 아버지는 결코 포기하지 않습니다. 아버지의 인생에서 노력은 결코 거짓말을 하지 않죠.

저희 가족은 여러 개의 사진 앨범을 가지고 있습니다. 앨범 속에 아버지의 모습은 많지 않습니다. 아버지는 늘 찍어주는 역할이셨죠. '셀카'가 유행하면서 비로소 아버지도 사진의 주인공이 될 수 있었습니다. 몇 년 전 온 가족이 떠난 홍콩에서도 아버지께서 사진을 많이 찍어주셨습니다. 문득, 아버지께서 말씀하셨습니다. "사진 속에 아빠가 없더라도, 아빠가 늘 이렇게 사진 뒤에 있었다는 걸 기억해 달라"고요.

이 책을 읽으시는 모든 분들께 감사와 인사를 전합니다. 이것은 한 소년이 청년이 되고, 성인이 되고 아버지가 되는 이야기입니다. 한 소년이 결코 꿈을 포기하지 않는 과정이자 묵묵히 생이 주는 무게를 감당하는 이야기입니다. 첫 월급, 첫사랑, 첫 차, 첫 내 집… 보통 사람들이 겪는 평범하고 위대한 순간들의 기록입니다. 요즘 가족과 대화가 뜸했다면, 이 책을 함께 읽어보는 건 어떨까요. 이렇게 말씀하시면 됩니다. 이 책은 저자의 이야기이지만 나의 이야기이기도 하다고요.

큰딸, 윤선

# 머리말

　일기를 정리하면서 생을 두 번 산 것 같다.
　일기를 어릴 때부터 썼지만 단 한 번도 일기를 들춰본 적이 없다. 일기는 나의 가장 친한 친구였다. 일기에게 투정도 부리고 어떤 때는 다정한 대화의 상대였다. 일기장에 세상을 원망하기도 하고, 꿈에 대한 약속도 그에게 하였다.
　어쩌면 글쓰기가 나의 고통을 달래주는 치료약이었다.
　나는 유년기 어려움을 겪었지만, 이를 아는 사람은 거의 없다. 친구들은 물론이고, 아내 자녀들도 마찬가지다. 그저 "좋은 집에 태어나 평범하게 살았을 것이다."라고들 생각한다.
　일기를 정리하여 짤막한 책을 내면서 딸들이 자못 아버지를 다시 보는 느낌이다. 때로는 가족을 등한시하며, 직장 일에 더 매진한다는 원망 섞인 말들을 들었는데, 이 글로 나의 삶이 이해가 된다면 더 바랄 게 없을 것 같다.

나의 생을 이제 와 돌이켜 보면, 요즘 세상과는 달리 주객이 전도되었을 수도 있다. 가정의 삶을 위하여 직장이 존재하는 것인데, 나는 언제나 직장과 일이 최우선이었다.

과거에 선지자가 말했다. 일은 신과 같아서 일이 모든 것에 우선한다고. 일하지 않는 자, 먹지도 말라고도 했다. 요즘 세대에는 이런 말이 통하지 않지만, 우리 세대는 나처럼 산 사람이 많았다.

정신적 영성 스승님께서 추천의 글을 보내주셨다. 쥐구멍에라도 숨고 싶었다. 수정을 간청하려 했으나 그 또한 번거로우실까 염려되어 온전히 수용하기로 하였다. 안주하지 말라시는 두 분 스승님의 지상명령으로 알고 더 노력하고자 한다. 남은 시간 "게을리하지 않겠다." 다짐하며, 다시금 『더 시크릿(The Secret)』을 상기해 본다.

이 책을 쓰면서 회상에 젖어보고, 후회도 하고, 때로는 자책도 했다. 그때 그 일이 뭐라고 그리도 가슴 아파했을까?

SK그룹에 감사한다. 지금도 최고의 기업이기에 자신 있게 이런 글도 쓸 수 있다.

못난 글은 못난 글대로 누군가의 타산지석이 된다고 했다.

용기를 내어 책을 내본다.

저자, 허관회

### 차 례

| 추천의 말
| 머리말

## 1장  소급 일기                    17

어머니에게 얻어맞다 | 어머니를 잃다 | 어머니 상여 나가는 날 | 어머니 가신 후 일 년 | 국민학교 2학년이 되다 | 사업 동업자가 된 아버지 | 태백 고랭지배추 | 나무꾼 | 강원도 황지에서 생활 | 큰집 삼촌 댁에서 얹혀살다 | 외갓집 | 국민학교 여름방학 | 큰집의 명절 | 어린이 합창단 | 어린 동생들에게 사랑을 | 국민학교 수학여행 | 겨울학기의 진풍경 | 큰아버지의 교육열 | 가족과의 재회 | 중학생이 되었다 | '아편'이라는 것 | 어머니와 밭을 일구다 | 처음 먹어보는 라면 | 충격적인 일 | 사춘기 | 가족과의 또 이별 | 고난의 시간으로 | 고등학교 1학년 | 월급을 받는다 | 형님의 촌철(寸鐵) | 혹독한 겨울을 맞다 | 절망하지 말고 극복하자! | 나의 지원자들 | 성가대 | 마음에 닿지 않는 한마디 | 통일 볍씨를 개발하다 | 목표를 구체화하다 | 무언지 모르는 한줄기 심적 물결이 | 절실한 금전 | 정면 돌파 | 국화빵 세 개 | 지(知)를 위해선 무지(無知)해야 | 학교장 추천 | 선경합섬과의 첫 인연 | 폴리에스터(Polyester Filament) 제조회사 | 관리부서에서 병아리 사원 | 예전에는 들리지 않았던 촌철들 | SK 설립자 최종건 회장님 | 1972년 12월 남북 적십자회담 | 내 몸에 맞지 않는 옷

## 2장 SK인(人)으로 사십 년     89

환경에 맞게 대처하는 것 | 무전여행(無錢旅行) | 무전여행 마지막 코스 | 울산 부임 | 세죽(細竹)의 처용암 | 동반자를 만나다 | 직장에서 멘토이자 좋은 형을 만나다 | 신원조회 | 인륜의 대사(人倫大事) | 아내의 풍금 소리 | 직장 새마을운동 | 품질관리 QC 활동 | 생활에서 경계해야 하는 것 | 컴퓨터 프로세싱 요원으로 '전산(電算/IT) 1세대' 출발 | 돌아보니 꽃길 | 그리운 울산사업장 | 어쨌든 서울 생활 | 해외연수 | 일본 테이진에서 IT 시스템 개발기법 | 귀국 선물은 바나나 | PDP-11/70 컴퓨터 | "익숙해질 거예요." | 일의 재미 | 초등학교 반장님들 | Co-ordination, 동료애 | 특급 동료 | 창칼이 탱크로 바뀌다 | 수혈(輸血) | 복귀하다 | 오버(Over) 하지 마시오! | 지능형 스트럭처 프로그래밍 개발기법 | 옛 동료의 회사 복귀 | 맞벌이 자녀의 비애 | 분임조 발표 | 우편번호 100번 극동빌딩 | 구성원의 온라인(On-Line)화 | 회장님의 리드, 헬프, 체크(Lead, Help, Check) | 표정이 밝지 않은 것은 고민할 과제 | '동사섭(同事攝)'과 인연을 맺다 | 마음공부에 매료되다 | 동사섭의 5대 원리 | 구조조정(構造調整) | SK그룹 경영 도구 "SKMS(SK Management System)" | 자카르타 현지법인 | 아빠의 존재감 | 지구의 축제 서울 올림픽 | 마이카 시대 | 부조화 속의 조화(造化) I | 극동빌딩 지하 아케이드 | 술 취하면 보고 싶은 사람 | 가장 큰 공포 | 화양계곡 | 라이프 사이클 | 충무로 극동빌딩에서 삼성동으로 | 용돈 | 대리만족(代理滿足) | 우리 삶에 골프는 무리지 | IT 전문회사 설립, 관계사로 전출

하다 | "술에 지면 모든 것에 지는 거야." | 내가 부러워하는 친구 | 관리역량의 확대 | 나의 주요 mission | 조상님! 감사합니다! | Y2K 문제(Millennium Problem) | 직책에 욕심내지 말 것 | 요령주의자 | 직장에서 심리적 스트레스 | 임장태세(臨場態勢) | 새벽노동시장(임장태세 II) | 소중한 것들 | 자랑스러운 초등학교 친구 | 직장인의 기본자세 | 궁여지책(窮餘之策) | 실리콘밸리(Silicon Valley) | 복사꽃 살구꽃 아기 진달래 | Y2K Millennium | 과잉대응 | 황제 골프 | 바쁜 중에 꿈같은 시간을 | 직장 동호회(同好會) | 행복수련원 탄생 | 미세 기쁨 | 아무 문제도 발생하지 않았다 | 가족 유럽여행 | 선산(先山) | 같은 일, 다른 삶 | 스트레스 최고의 명약 | 감사한 마음을 전하다 | 또 다른 준비 | 환상의 모자(母子) | 제가 냅니다 | 자격증 하나 | 공감과 합의 | 아킬레스건(Achilles' tendon) | 크게 아프다는 것 | 정월 대보름에 | 저질러라! - "우물쭈물하다가 내 이럴 줄 알았다." | 그리움 | 모두 학교에 다닌다 | 지는 것이 이기는 것이다 | 직장 운이 남달리 좋았습니다 | 만학 공부의 맛 | 정리정돈의 가치 | 옛 동료들의 근황 | 박사에 도전하다! | 상류층을 지향(志向)한다 | 앙코르와트 | 산소결핍(Anoxemia) | '허시(虛施)'라는 방편 한 장 | 기업문화 | 정말 다행이다 | PH D(Philosophy Doctor) | 논문에 언급한 "감사의 말씀" - 공학박사 학위 감사의 글 | 무경계(No Boundary) | 더 많은 사랑 | 참회록 | 퇴직

## 3장  다시, 인생 2막

기업인에서 교수가 되었다 | 눈이 반짝이며 질문이 이어진다 | 물욕(物慾)인가? 정감(情感)인가? | 우리 어머니 | 교수이며 또 학부 학생이다 | 거스르면 더 힘들다 | 부조화 속의 조화(造化) Ⅱ | 창업과 취업 | 많이 늦었지만 | Stock Level(適正線) | 조직의 유연성 | 논술심화과정(論述深化過程) | 스펙 넘어 창조인재 | 직장에서 부적응 현상 | 성공은 먼저 알고 준비하기 때문 | 친구란 - 학생들과 친구의 개념을 토의하다 | 잘 조화된 여행 | 졸업생의 메일 | 달님과 삼각 구도 | 삶(生), 죽음(死), 죽음 명상 | 피드백(Feedback) | 사슴 아저씨 | 유연성(Flexibility) | 자녀들이 리더(Leader) | 스승의 날 | 욕구와 상대적 빈곤감 | 직장 상사의 장례식 | 취업에 성공하기를 | 학점 | 윤 박사님의 특강 | 기업의 생태 | 불모지대(不毛地帶) | 행복할 수 있고, 건강할 수 있고, 안전할 수 있다 | 봉사 활동 | 옛 선배와 하루 여행 | 이민 간 직장 동료 | 정감 있는 조직 vs 냉정한 조직(은퇴자) | 측정(Measurement) | 걱정은 기우(杞憂) | 하루의 필수 코스 | 제사(祭祀)를 지낸다는 것 | 후배들을 위한 베풂 | 안전문화(安全文化) | 지지자(支持者) | 간과할 수 없는 유해인자 "소음" | 느림의 미학 | 보물 | 올빼미족 | 있다가 없어지는 것들 | 내가 이겼다 | 수시로 삶의 설계를 하라! | 인간적 매력 "Be Liked" | 중간고사 시험 논제 | 면역력에 대하여 | 화학적 유해인자 "자동차" - 사건은 소홀함에서, 재앙은 편리함에서 온다 | 물리적 유해인자 "전자파" - 휴대전화에 집착하지 않는다 | 나의 일복 | 가을날의 일기 - 2020년 10월 25일(일요일)

# 1장
# 소급 일기

## 어머니에게 얻어맞다

집 앞마당에서 칭얼대다 붙잡혀서 부지깽이로 얻어맞았다.

과자를 사달라고 졸랐는데 대개는 부엌에서 엄니가 쫓아 나오면 도망가는데 땅 두더지를 보다가 한걸음 늦은 것이다.

엄마는 제천 청풍에서 2남 2녀 인동 장씨 장녀로 태어나 공무원이었던 충주 아버지와 혼인하셨다.

공회당이었던 넓은 공터에 기역자 기와집으로 지은 예쁜 집 앞에는 텃밭이 있었는데 어머니가 직접 고랑도 치고 북도 주어서 상추, 고추, 오이, 토마토 등을 재배하고, 집에서 조금 떨어진 곳에 오리도 키우셨다. 아버지는 힘드니 그런 거 하지 말라고 하셨다. 그리고 친정에 가면 일을 돕는 사람을 데려오라고 하셨다. 어머니는 그런 사람이 왜 필요하냐며 짬만 나면 시집올 때 가지고 오셨다는 재봉틀로 옷을 지으셨다.

## 어머니를 잃다

다섯 살 여름 어머니가 돌아가셨다.

내 이름 "관회야…"를 크게 두 번 부르고 26세 나이로 운명하셨다.

동생은 겨우 두 살 된 젖먹이였다.

슬픔이 뭔지도 모르면서 이게 무슨 상황이 될지 상상도 못하며 잠이 들었다. 어렴풋이 잠결에 집안 어르신들의 말씀이 들려왔다.

나를 상제로 세우느냐 마느냐이다.

할머니가 말씀하셨다. "다섯 살 그 어린것에게 아니 된다"고 말씀하셨다.

집안일을 돌봤던 삼순이에게 날이 밝으면, 이십여 리 떨어진 큰집 큰아버지 댁으로 나를 데려가라고 했다.

## 어머니 상여 나가는 날

발인이 되는 날 나는 큰집 사촌들과 놀고 있었다.
큰집에는 남자 사촌 형제만 다섯 명이다.
이날 따라 사촌 형제들과 주위 분들이 잘해준다.
과자도 사주고 장난감도 사준다. 나중에 과자 사 먹으라고 돈도 준다.
상여 나가는 소리가 멀리서부터 들려온다.
누군가 동네 어른께서 너의 어머니 상여라고 말했다.
"너는 이제 어떻게 살아가냐?"라고 눈시울을 붉히며 말한다.
호화로운 상여가 등 너머 길을 어른 여럿이서 매고 구슬픈 가락을 하며 오고 있었다.
친척이 그 모습 못 보게 나를 잡아끌었다.
나는 손을 뿌리치고 보이지 않을 때까지 물끄러미 상여를 보고 있었다.
과자를 한 손에 가득 들고서….

## 어머니 가신 후 일 년

아버지는 새어머니를 맞았다.

우리 집에서 멀리 떨어진 마을에 남양 홍 씨 종가댁 1남 4녀 중 부잣집 장녀이시다.

고을에서 이름난 미인이라고 하신다.

아버지와 열한 살 아래고 21세 처녀라고 한다.

"185cm 키에 인물이 아무리 좋아도 그렇지!" 하고 동네 어른들이 수군거린다.

얼마 지난 후 어머니가 동네 사람과 대화하는 소리를 들었다.

"좋은 집안에 그 인물에 어쩌자고 이런 데 시집을 오셨소?"

동네 사람들 모두 궁금한 사안이다.

어머니가 말씀하셨다.

외할머니께서 "꼭 그리 해야 한다"고 했단다.

도력 있는 대사께서 아이 있는 집으로 출가해야지, 그렇지 않으면 단명할 운세라고 했다는 것이다.

동네 아줌마들이 "저런, 저런" 하며 혀를 찼다.

어떤 사람은 "하지 말라는 것 하지 말아야 한다고 무시할 수 없는 거"라고 위로를 하기도 하였다.

미신에 의한 한마디가 한 여인의 운명을 갈라놓을 수도 있는 것인가?

교회 유치원에서 선생님이 "미신은 허무맹랑한 어리석음"이라고 그랬는데.

# 국민학교 2학년이 되다

여동생이 생겼다. 아직 아기다.
아버지는 국민학교 정문 바로 앞에 약국도 내었다.
아버지는 공무원 생활을 주로하고 어머니가 약국을 운영하였다.
어머니는 두께가 10cm가 넘는 의학서적을 밤늦도록 뒤적이며 공부하신다.
성장 시 한문을 배운 것이 도움이 된다고 하신다.
부모님이 바쁘신 관계로 나는 학교 방과 후 아기 돌보는 건 내 몫이었다.
어머니가 긴 천으로 된 아기 멜빵을 십자 표시로 꼭 매서 업혀주면 아기를 업고 친구들과 놀았다.
소변과 때론 대변을 업힌 채로 본다.
동네 아주머니들이 "애가 애를 업고 다닌다"고 했다.
어떨 때는 힘들어 긴 의자에 엎드려 아기와 함께 잠이 들기도 하였다.
잘했다는 칭찬을 받으려고 어둑어둑 저녁때가 되어서 집에 들어간다.
어머니도 나를 잘 챙겨주고 나도 밉보이지 않으려고 애를 썼다.
벌써 눈치코치를 알고 있는 거다.
반 학생들은 나보고 너희 집이 마을에서 제일 부자라고 하였다.
나는 우리 집 약방에서 훔친 은단을 친구들에게 몇 알씩 나누어 주어 인기가 좋았다. 그래서 아기 업고 다녀도 놀이에 끼워주었다.

놀이 때 아기 때문에 불편해도 자기네 편으로 함께하기를 원했다.

은단 때문일 거다.

## 사업 동업자가 된 아버지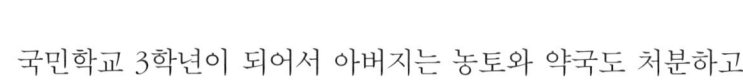

국민학교 3학년이 되어서 아버지는 농토와 약국도 처분하고 공무원 직장도 그만두셨다.

부친께서 말씀하시길 "일본에서 함께 생활했던 친구가 탄광 사업을 한다"고 하셨다.

그것을 함께 동업하러 가신다고 한다.

"사람은 서울에서 살아야 한다"는데, 강원도는 서울에서 더 멀어지지 않는가? 지도를 보았다. 지도에는 산악 표시가 많이 되어 있어 내심 마음에 들지 않았다. 그러나 아버지가 정하시면 무조건 가야 한다. 친한 친구와도 멀어진다.

강원도 황지라는 마을은 탄광개발지로 전국 노동자들이 모두 모여드는 소비도시라고 했다.

우리는 낯선 곳에 이사했고, 사장이 제공하는 관사에서 생활했다.

어린 나는 모든 게 마음에 안 들었다.

코앞에 학교가 있었던 고향에 비해 황지 국민학교는 너무 멀었다.

말투도 이상하고 길은 온통 시커먼 석탄 색이다.

황지는 도계면 황지리이다. 읍도 아니고 일개 리(里)이다(후에 태백시가 됐다).

그래도 시장이 형성되어 있고, 밤이면 조명이 아주 화려했다. 충주 시내보다 밝고 활기찬 시가지인 것 같다. 전국에서 일감을 찾아온 사람들로 북적거렸다. 성숙하지 않은 도시 같았다. 인구는 늘어나는데 학교는 하나밖에 없다 보니 학교도 만원이다. 우리 학년은 15반까지 있다. 1, 2학년은 거기다 오전·오후반까지 있다. 처음 전학 와서 정신이 없다.

  귀갓길은 멀고 멀었다.

## 태백 고랭지배추

　낯선 강원도에 이사 와서 친구도 없고 놀이터도 없다. 주위에는 온통 산뿐이다. 그런 중에 집 근처에 사는 두세 살 많은 친구가 다가와 말했다. "니 여기 이사 온 거래?" 새로 이사 온 거냐고 묻는다.
　그렇다고 끄덕이고 나보다 크고 선배 같아서 몇 학년이냐고 물었다. 학교는 다니지 않는다고 했고, 나보다 세 살이나 많다. 휴일이면 종종 마주치게 되고 자연스럽게 그와 가깝게 지내게 되었다. 친구가 없어서 함께 놀자고 하고 시내도 내려가 보자고 했다. 그러나 그는 일해야 해서 놀아줄 시간이 없단다. 그는 자기네 집 땔감도 그가 해결하고 높은 산에 올라가 나무도 해서 시내에 판단다. 작은 체구지만 지게에 나무를 어른만큼 지고도 거뜬히 일어난다.
　나는 호기심에 그가 높은 산에 나무하러 가는 곳에 따라가기도 했다. 높은 산에는 죽은 나무들이 지천에 널브러져 있었다. 죽은 참나무를 톱으로 자르는데 길이가 자로 잰 듯 일정했다. 나에게는 산에 나는 산나물 몇 가지를 가르쳐 주고 이것을 뜯어서 집에 가지고 가면 어머니가 좋아하실 거라 한다.
　나는 열심히 나물들을 채취하였다. 높은 산꼭대기는 분지처럼 넓은 평야를 이루고 있는데 배추가 어마어마하게 재배되고 있었다. 그는 배추 중에 제일가는 "고랭지배추"라고 했다. "차도 올라올 수 없는 곳에 이것을 어떻게 옮기려고 여기다 심었어? 헬리콥터가 실으러 와?"라고 했더니 그는 웃으며 말했다. "수확할 때가 되면 사람들을 동원해서 지게로 밑에 찻길까지 내린단다. 한 포기에 2원씩 계산하여 준다."라고 말했다.

  그때 되면 너도 해보란다. 지게를 빌려준다고 한다. 지게도 그가 만든다.

# 나무꾼

　강원도에 이사 와서 친구가 없으니 휴일이면 이웃집 그와 주로 접촉한다.
　관사에서 생활하는 우리 집에는 고향과 다르게 할 일이 없다. 어머니는 약국 일도 안 하시고 여기는 가정부도 있어 아기 봐줄 일도 없다.
　오늘도 그는 높은 산에 나무하러 간다고 함께 가자고 한다. 그가 하는 일은 모두 신기해 보였다. 집에서는 산에 가면 위험하니 가지 말라고 했지만 그를 따라갔다. 그는 나무를 하고 나는 나물을 뜯었다. 그가 나무를 다 하고 나서 나에게 마른 참나무 두 토막을 주면서 이걸 매고 가란다. 집에 가서 장작으로 패서 시내에 가 팔자고 한다. 그러면 국화빵(풀빵)을 실컷 먹을 수 있다고 한다. 그가 끈으로 매고 운반하게 해주어 그의 말에 따랐다. 출발하기 전에 잠깐 기다리라고 해서 기다렸는데 이리 와보라고 그가 큰 소리로 소리쳐서 가보니 커다란 토끼가 덫에 걸려 있었다. 산토끼가 얼마나 큰지 새끼돼지 같았다. 덫에서 그걸 빼고 다시 작동하게 해놓는다. 내려가서 볶아줄 테니 자기네 집으로 오라고 하며 하산하자고 해서 가파른 산을 내려갔다. 그는 나무를 어른만큼 지고도 잘 가는데 나는 두 토막 참나무를 가져가는 것도 너무 힘들었다. 처음과는 사뭇 달랐다.

　그를 알고부터 토끼고기가 그리 맛있는 요리인 줄도 알게 되었다. 산나물이 어떤 것인지도 그에게 배웠다.

  언젠가 그가 불러서 가보니 시내에 나무를 팔러 간단다. 내가 가지고 내려온 참나무도 도끼로 패서 한 단으로 가지런히 해놨다. 내 지게라고 조그마하고 앙증맞은 지게도 만들어 놓았다. 그는 일곱 단을, 나는 한 단을 지고 황지 시내로 내려갔다. 그의 단보다 나의 나무 단은 훨씬 많아서 시내 초반에 금방 팔릴 거라 한다. 나는 말했다. "여긴 탄광촌이고 탄이 지천인데 땔감 나무(화목)가 팔리겠어?"라고 했더니 여기 사람들은 모두 나무를 땔감으로 쓴다고 한다. 그의 말대로 나의 나무는 한 단이 두 단 같으니 시내 초입에서 금방 팔렸다. 그는 나무 단이 적고 많으니 시내 깊숙이 들어가서야 모두 팔렸다. 그의 말대로 국화빵을 원 없이 먹었다.

  나는 생각했다. 여기서 살다가 나무꾼이나 되는 거 아닌가? 맹자 어머니는 아들 교육을 위해서 세 번이나 이사했다는데.

## 강원도 황지에서 생활

 이곳 생활도 일 년이 되어간다.
 사택 근처에 함께 사는 동급생 친구와 터덜터덜 집에 돌아가는 길에 황지 연에서 쉬어간다. 우리는 하굣길에 언제나 이곳에 들려서 놀다 간다.
 여기에는 속이 들여다보이지 않는 깊은 연못 세 개가 있다.
 우리는 연못을 보며 신기해한다. "실타래 하나를 다 풀어도 끝이 없이 깊이를 가늠할 수 없다."라고도 하고, 연못 안에는 용이 산다고도 했다.
 '황지(黃池)'라는 지명은 황동지라는 부자의 집터가 연못이 되어 붙여졌다고 한다. 어느 날 구두쇠 황 부자는 시주하러 온 노승에게 줄 건 없고 이거나 가져가라고 쇠똥을 퍼주었는데, 이를 본 며느리가 시아버지의 잘못을 빌고 보리 한 바가지를 시주하였다고 한다. 그러자 노승은 "이 집의 운이 다해 곧 큰 변고가 있을 터이니 살기를 원하면 나를 따라오시오. 그리고 어떤 일이 있어도 절대 뒤를 돌아보지 마시오."라고 했단다.
 며느리가 노승을 따라 어느 정도 갔을 때 갑자기 집 쪽에서 천둥·번개가 치며 천지가 무너지는 소리가 나 노승의 당부를 잊고 뒤를 돌아보았단다. 그 순간 며느리와 등에 업힌 아들은 돌로 변했단다. 그리고 황 부자의 집은 땅 밑으로 꺼져 연못이 되었다고 하는 전설이 있다. 황 부자의 집터는 세 개의 연못으로 변했는데, 그중 하나가 집터, 다음이 방앗간 터, 나머지가 화장실 터라고 한다.

　이곳은 하굣길에 들리는 우리의 쉼터이다. 반장인 정 아무개는 집에서 금은방을 하는 부자인데 여기서 우리에게 풀빵을 사서 하나씩 주었다. 꿀맛이다. "황지천은 낙동강의 시발점"이라고 담임선생님은 말씀하셨다.

　아버지는 돈 벌어 고향으로 간다고 하시지만, 오히려 학교 선생님을 하시는 당숙 아저씨를 비롯해 고향 사람들을 불러 모으시는 것 같다.

　두 학기를 마치고 4학년부터는 할머니가 계시는 큰집으로 보내달라고 했다.

　학교도 너무 멀고 더는 여기서 못 살겠다고 투정했다.

　아버지는 편지 한 통과 여비를 장만해 주었다.

　기차를 혼자 타고 도계, 영주, 제천 세 번을 갈아타고 충주 큰집에 도착했다.

　할머니가 놀라며 말씀하셨다. "그 먼 길을 너 혼자 왔나?"고.

## 큰집 삼촌 댁에서 얹혀살다

국민학교 4학년부터는 큰집에 얹혀사는 신세가 되었다.
아버지 형제는 6남 2녀이다.
할아버지는 민선 면장을 하시고 큰아버지는 은행원이고 부친은 둘째다.
셋째 작은아버지는 서울에서 상공부에 다니며 제일 잘나가시는 것 같았다. 명절이면 검은 세단 승용차를 타고 작은아버지 식구들이 함께 오셨다. 서울 작은댁 사촌들이 부럽기 그지없다.
넷째 삼촌과 고모들은 학교 교사다.
큰집에 얹혀사는 것은 또 다른 어려움이다. 눈치가 많이 보여서 나 자신이 위축된다. 애매한 할머니만 들볶는다. 돈 좀 달라고… 그러면 꼬깃꼬깃 복주머니에서 용돈을 내어주신다.
큰집 사촌은 형이 둘 남동생이 셋이다. 딸은 없다.
서울에서 대학 다니는 맏형은 그래도 나를 많이 아껴주었다. 그 형도 어릴 때 어머니를 잃었단다.

# 외갓집

외갓집,
외갓집의 겨울은 풍성하고 평화롭다.
외가에서 직접 만든 과자, 조청과 엿, 곶감들이 곳간에 가득하다.
외가의 일군들은 여름보다 훨씬 여유로운 시간을 보낸다.
낮에는 땔감으로 쓸 나무를 하고, 밤에는 볏짚으로 새끼를 꼬고 직기같이 생긴 틀에 내년 추수에 쓸 가마니 멍석들을 짠다. 왕골을 다듬어 돗자리도 상품처럼 만든다.
일군들이 머무는 사랑채는 방 세 개를 터서 작은 공장과도 같이 널찍하다.
늦은 저녁이면 마을 사람들이 이곳에 몰려와서 사랑방 이야기 마당이 된다. 이들은 구성진 노래도 하고 피리를 멋들어지게 불곤 한다.
손이 크신 외할머니는 밤참을 푸짐하게 준비하고 이들에게 내간다. 밤이 깊어지면, 식모들도 밤참 준비를 당연시하여 암반에 밀가루 반죽을 하여 국수를 만든다. 매일 밤 잔칫집과 같이 큰 대야에 담아서 양껏 먹을 수 있게 해준다.
어떤 때는 육개장, 감자, 떡, 식혜 등을 넉넉하게 보내준다. 물론 저녁이면 놀러 오는 동네 사람 몫까지 고려하는 것이다.
놀러 오신 분들은 새끼라도 꼬아주고 답례한다.
나는 이 풍경이 너무 좋아 그 방에 들러보곤 한다.
외갓집의 겨울은 그렇게 저물어 간다.

## 국민학교 여름방학

여름방학에 외갓집에 갔다.
외갓집에는 먹을 것이 풍성하다.
농사일하는 일꾼이 셋이고 식모도 둘이다. 대농이다.
무엇보다도 외할머니 사랑이 듬뿍이라서 좋다.
나를 보자마자 눈물부터 흘리신다. 모아두신 용돈도 내게 다 몰아준다.
엿도 만들어 놓고 과자도 곶감도 직접 만들어 주신다.
이런 것이 어머니의 사랑인가 싶다.
큰집에서 늘 뒷전 신세로 겉돌다가 여기에선 나도 주인공이 된 듯하다.
참외와 수박 등 과일도 지천이다.
옥수수를 먹고 싶다고 하면 외가에서 일하는 일꾼 둘이서 지게로 한 소쿠리씩을 따다 준다. 질리도록 먹는다.
외갓집도 딸은 없고 형 둘과 동생 하나가 있다.
큰외삼촌은 읍내 면사무소에 다니신다.
하루는 큰 외삼촌께서 술에 잔뜩 취해서 오셨다.
할머니와 크게 언쟁이 붙었다. 들어보니 "외손자만 손자냐" 는 것이다.
외할머니가 나를 편애하시며 문제가 생긴 것이다.

어디를 가도 나는 누군가에게 짐이 되는 걸까. 서러움이 복받쳐 남몰래 눈물을 흘렸다. 그래도 외갓집만큼은 모두 내 편이 되는 줄 알았다. 외갓집에서 또 이 방에서 태어나시고 성장하셨을, 돌아가신 어머니를 생각하는 게 좋았다. 외갓집 오면 어머니 냄새가 나는 것 같아서 좋았는데….

그렇구나. 외갓집도 인제 그만 와야 하겠구나. 다시 오지 않겠다고 다짐했다. 나는 그때까지 외갓집에선 외할머니가 최고인 줄 알았다.

외할머니가 큰 외삼촌에게 말씀하셨다.

"어미 잃은 불쌍한 아이에게 방학 때라도 좀 잘해주고 싶은 게 그리도 못마땅한 것이냐? 네 아버지가 살아 계셔도 네가 내게 이렇게 하겠냐" 하시며 서글프게 우셨다.

내가 오면 외할머니에게 짐이 된다는 것을 이제야 알았다.

나는 왜 환영받는 곳이 없을까.

## 큰집의 명절

우리 집만 빼고 모든 삼촌 가족이 다 모였다.

서울 작은아버지는 자가용을 타고 선물도 바리바리 싣고 오셨다.

나는 괜스레 주눅이 들어 멀찌감치 뒷전에서 부러운 듯 쳐다본다.

나도 나중에 서울 가서 살 수도 있을까?

나도 모르게 개천 둑을 걷고 있었다. 울적하면 찾는 곳이다.

요즘 부쩍 책이 좋아졌다.

국민학교 문고와 큰집에는 꽤 많은 책이 있어 유익하게 읽었다. 『해저 2만 리』, 『장발장』 등을 늦도록 읽었다. 이광수의 『사랑』 등도 나이만큼 이해하며 읽었다.

책의 세계는 무한한 상상력을 돋아주는 것 같다.

책이 있어서 다행이다.

큰집에는 낡은 책들도 많았다. 아마도 삼촌들이 학교 다니실 때 읽은 책들일 거다. 유성기도 있고 덮개를 위로 올리면 켜지는 라디오도 있다.

라디오가 귀하여 라디오와 유성기(留聲機)가 있으면 부자라고 하던 시절이었다.

# 어린이 합창단

학교를 대표하는 합창단원이 되었다.

나는 노래와 체육을 좋아한다. 학교에서는 늘 체육부장이다. 실기도 언제나 최고 점수이다.

우리 반에서 학교 합창단에 나와 경남이, 재만이가 합류했다. 농촌지도서 관사에 사는 경남이는 얼굴이 희고 공부도 잘했다. 또, 항상 웃음기 띠고 친구들에게 인기가 좋은 재만이와 셋이 함께해서 좋다.

합창단원은 방과 후에 학년 구별 없이 함께 모여 체계적으로 합창 연습을 한다. 세 분의 선생님이 풍금을 치고 지휘를 하신다.

시간만 되면 독서를 하는 게 취미였는데, 동요를 함께 부르는 게 이리 재미있는지 몰랐다.

화음에 맞춰서 함께하는 어린이 합창단은 구성원 모두가 한마음 한 가족이 된 것 같다. 동화에서 읽었던 기억이 난다.

음악을 통해서 하나가 되고, 기뻐하고, 슬픔과 외로움도 극복할 수가 있다고 했다. 노래하는 동안은 선배도 후배도 하나가 된 것 같다.

합창단원은 '겨울 나무', '고향 땅', '과꽃', '낮에 나온 반달', '엄마야 누나야', '옹헤야', '오빠 생각', '어머니 은혜', '나무들'…과 같은 노래를 합창한다.

노래 가사가 슬프지 않은데도, 합창하면서 숙연해지고 괜스레 남몰래 눈물이 났다. 분명 슬픔은 아닌데 이상한 감정이 흐른다.
 합창단이 된 후 라디오 듣기를 좋아한다. 큰집에 좋은 라디오가 있어서 참 좋다.
 저녁 어린이시간 방송이 흘러나오면 빠짐없이 라디오를 듣는다.
 특히 KBS 어린이 합창단이 노래를 부르면 함께 따라 한다. 서울 아이들을 동경하며 부러운 마음이 들었다.
 우리는 열심히 연습하여 학교를 대표하는 경연에도 나갔다.
 우리는 '희망의 속삭임(Whispering Hope)'을 합창했다.

'거룩한 천사의 음성 내 귀를 두드리네
부드럽게 속삭이는 앞날의 그 언약을
어두운 밤 지나가고 폭풍우 개이면은
동녘엔 광명의 햇빛 눈부시게 비치네…'

 천사가 나에게 용기를 주는 하늘의 음성 같았다.

 경연 후 심사위원은 "완벽한 화음을 이루었다. 최고였다. 서울 방송국 합창단 대표와 겨루어도 전혀 손색이 없다."라고 극찬을 하였고 입상도 했다.
 합창단이 시합 나갈 때면 학교에서 넓은 깃의 하얀색 옷에 빨간 세 줄무늬가 있는 예쁜 유니폼도 맞춰 입혀주었다. 사탕도 한 바구니 있어서 마음껏 먹을 수 있었다.

## 어린 동생들에게 사랑을

　겨울방학이 되어 서울에서 대학 다니는 사촌 큰형이 왔다.
　오토바이를 타고 가죽 잠바를 입고 왔다.
　동네 꼬마들 다 모여 형을 반긴다.
　큰집 마당에는 제법 큰 툇마루가 있는데, 그곳에서 형은 아이들에게 이야기를 실감 나게 해준다. 동네 꼬마들의 사랑방이다.
　이번에는 참새를 잡는 산탄 공기총도 가지고 왔다. 구두를 신고 타는 스케이트도 가져왔다.
　썰매만 타던 우리는 신기함 그 자체이다.
　새를 잡는 산탄총 탄피를 밤늦어지도록 만들어 사냥하러 산으로 갔다.
　동네 꼬마들 다 따라다닌다.
　방정환 선생님처럼 아이들을 아낀다.
　사고 나고 산에서 뒤처질까 봐 따라오지 말라고 제지하는 일이 없다. 오히려 좀 큰 애들에겐 한 발씩 쏴보라고 총을 건네준다. 사격 자세와 격발까지 정성껏 일러준다.
　스케이트 타러 가서도 마찬가지다.
　따라오는 아이들을 위하여 단단한 끈과 천 조각을 많이 가져간다. 한 번씩 다 신어보고 타보라고 한다.
　발이 안 맞으니 천 조각을 구두 안 가득 넣고 끈으로 단단히 매준다. 그리고 타는 방법도 잘 설명해 준다.
　사촌 큰형은 우리들의 우상이다.

# 국민학교 수학여행

수학여행이 공지되었다. 여행지는 경주다.

"찬란했던 신라의 도읍지이며 문화유산이 제일 많으니 교육적인 차원에서 꼭 함께 가자."라고 담임선생님이 말씀하셨다.

수업은 뒷전이고 온통 여행에 대한 설렘으로 가득하다.

여행비를 미리 낸 친구는 의기양양하다. 못 가는 친구는 어깨가 절로 처진다. 선생님이 여행 목적지와 신라 천 년 문화에 대해서도 말씀하실 때마다 여행에 대한 기대는 최고조에 이른다.

너무 가고 싶었지만, 눈치가 보였다. 아버지는 멀리 계시고 큰집에 손을 내밀기엔 눈치가 보였다. 얹혀사는 것도 나로서는 감지덕지하다.

여행비용 600원은 큰돈이다. 할머니도 그리 큰돈은 없으실 거다.

중학교 때는 가게 되겠지 위안을 한다.

나처럼 비용이 부담되어 못 가는 친구가 꽤 많아서 위로가 된다.

## 겨울학기의 진풍경

 아침기상 후 우리는 무척 바쁘다.
 식사 전에 세면을 비롯해 등교준비를 모두 마쳐야 한다. 조반은 모두 모여 함께해야 한다. 큰집의 사촌 다섯 명과 나까지 있으니 모두 여섯이다.
 세면을 하기 위해 뜨거운 물 두 바가지가 배당된다.
 가정부 언니가 세숫대야에 퍼 주면 두레박 샘에 가서 한 바가지에 찬물을 타서 세수 및 머리까지 감는다. 나머지 한 바가지로 깨끗하게 헹구고 마무리한다. 깔끔한 체를 하는 나는 온기 없는 찬물로 한 번 더 감는다.
 장유유서로 형들부터 차례대로 한다.
 날씨가 아무리 추워도 밖에서 한다. 그래도 감기 걸리는 일은 없다.

## 큰아버지의 교육열

은행에 다니시는 큰아버지께서는 매우 엄하셨지만, 자녀들 교육은 다정하게 지도하셨다.

큰집 사촌들과 함께 숙제를 내주기도 하고 점검도 하였다.

나도 예외가 아니고 함께 과제를 수행하고 검증을 받았다.

사회에 필요한 사람이 되려면 공부를 열심히 해야 한다고 공부의 중요성을 강조하셨다. 큰아버지는 "부모와 떨어져 사니 보고 싶어 그곳으로 다시 가고 싶지 않으냐?"고도 하신다. 큰아버지도 아버지라고도 하셨다.

우리 아버지는 큰아버지와 같은 형제인데 왜 이리 다를까 비교하게 된다.

학교 선생님이 늘 하시던 말씀들이었지만 큰아버지 조언 때문에 처음으로 공부를 잘해야겠다는 다짐을 했다.

## 가족과의 재회

국민학교 6학년 말이 되어 강원도 황지(태백)에서 가족들이 돌아왔다.

뛸 듯이 기뻤다. 이제 사촌들에게 주눅이 들지 않아도 되겠구나.

기쁨도 잠시였다. 아버지는 빈털터리가 되어 초라하게 귀향한 것이다.

그 많은 부잣집 재산은 어디로 간 걸까?

논밭도 많고, 약국이 딸린 큰 기와집과 매일 약국에서 벌어 서랍 가득 넘치던 돈은 다 어디로 간 걸까? 사정을 알지 못하는 나는 답답했다.

어머니는 그곳 탄광의 탄맥이 끊어져 더는 탄을 채굴할 수가 없다고 하셨다.

돈은 모두 날렸다고 하신다.

가족이 귀향해서 마련한 집도 허름한 초가집이다.

여섯 식구가 살기엔 너무 작다. 예쁜 둘째 여동생이 태어나 가족이 늘었다.

허름한 초가집에서 새로운 삶이 시작되었지만, 친구들에게도 창피했다.

이럴 바에는 차라리 큰집에 얹혀사는 것이 훨씬 나을 뻔했다.

## 중학생이 되었다

　중학교 1학년 우리 집 생활은 정말 궁핍했다.
　끼니를 해결하기도 힘든가 보다.
　학교 공납금도 제때 내지 못하고, 학용품 등 준비물 살 돈도 없다.
　겨울이면, 곡식은 조금 들어가고 멀건 김치죽으로 때울 때가 자주다.
　큰집에 살 때가 좋았다.
　늘 푸짐한 반찬에 고깃국, 염소고기 장조림이 식탁에 있었다.
　아버지가 생활에 의욕이 없다 보니, 보다 못해 아버지를 위하여 삼촌들이 도움을 주었다.
　서울 사시는 셋째 작은아버지는 우리 아버지를 대하시는 것이 각별했다.
　큰 정미소에서 동네 전기도 공급하는 발전기 있는 방앗간을 두 사람이 공동운영하게 자금을 주선해 주셨다. 삼촌에게 감사하고 존경스럽다. 나중에 내가 잘되면 은혜를 잊지 않아야 하겠다는 생각을 해본다.
　작은 야산도 주어 개간을 하면 밭으로 일구어 농사도 지을 수 있는 터전도 마련해 주셨다.
　그런데 웬일인지 부친께선 흥미가 없는 듯하다….

## '아편'이라는 것

  당숙 아저씨와 큰아버지 대화를 우연히 들었다.
  "둘째는 약국을 운영한 것이 화근이야…. 약국 하는 사람끼리 모여서 마약에 손을 댔으니 그 구렁텅이에서 나오기 힘들지…. 독하게 마음먹지 않으면 끊지 못하는 것이지."
  몹시 나쁜 소식이라는 생각이 들었다.
  그러고 보니 아버지가 글을 써서 돈과 편지를 주면서 어느 ○○약국을 가면 약을 줄 거라고 심부름을 자주 시켰다. 그러면 노란 주사약을 내주었다.
  나는 돈이 없어 도화지나 지필묵 등 수업준비를 못 해가고 있었다. 학교에서 준비물 부족으로 쫓겨와도 아버지의 주사는 계속되었다.

## 어머니와 밭을 일구다

중학교 2학년 학교생활은 엉망이고 집도 너무 싫었다.
방과 후 자유시간은 없었다.
어머니와 나는 야산의 나무를 베어내고 뿌리와 돌을 골라내어 밭을 일구었다. 나는 소가 되어 줄을 끌고 어머니는 고랑을 내는 삽처럼 생긴 쟁기를 잡았다. 고상하였던 어머니의 몰골도 말이 아니었다.
고추를 심고 고구마도 심었다. 한여름에 고추를 따는 것은 너무 힘든 일이다.
어머니랑 붉어지는 고추를 4~5일에 거쳐 다 따면 쉴 시간도 없이 처음 땄던 고추 고랑은 다시 붉게 물들어 다시 따야 한다. 어머니는 힘들어도 고추를 말려서 장터에 가져가면 바로 거래가 되니 열심이시다. 조(粟米)도 심어서 디딜방아로 빻아서 양식을 했다. 내가 무게가 안 나가 디딜방아를 밟아도 들리지 않았다. 손잡이를 위로 힘껏 밀어서 들어 올렸다가 놓으면 절구에 떨어져 좁쌀이 빻아진다. 어머니는 그것을 뒤집고 반복하여 체를 쳐서 식량을 만든다.
고운 새어머니는 어느덧 다섯 아이를 둔 농촌의 여인이 되어 있었다.
그림물감도 좋은 것으로 사주고, 신발도 새것으로 사주겠다고 나를 다독였다. 그리고 실제로 학용품도 사주었다. 펜과 잉크가 없어서 국민학생처럼 연필로 필기하고, 연필에 펜촉을 묶어서 옆 친구 잉크를 찍어서 필기하곤 하였는데 이젠 당당히 학습 도구를 구비하였다. 학비를 못 내어 귀가조치 되는 일도 줄어들었다.

한도 끝도 없는 농사 밭일. 뜨겁고 힘이 많이 들고 지루한 농사. 나는 어른이 되면 절대 농사일만은 안 하겠다고 다짐한다.

## 처음 먹어보는 라면

비 오는 휴일이다.

큰집 둘째 사촌 형이 와서 넷째 작은아버지 댁에 놀러 가자고 했다.

작은어머니도 국민학교 교사이다.

배고프지? 하면서 라면이라는 것을 간식으로 끓여주셨다.

세상에 태어나 제일 맛있는 음식 같았다.

이리도 맛있는 국수가 있단 말인가!

한 그릇 먹었는데 기별도 가지 않았다.

형에게 "더 해달라고 할까?", 귓속말로 속삭였다.

형이나 나나 숫기가 없어서 목구멍까지 올라오는 걸 꾹 참았다.

작은어머니께서 말씀하셨다.

"관회는 집에 일도 많이 도와주는데 공부도 잘한다며."

"공부만 잘하면 유학도 가고 취업도 잘해서 서울 작은아버지처럼 잘살 수 있어." 나는 속으로 말했다. "공부할 짬도 없고 잘하지도 못해요…."

# 충격적인 일

중학교 3학년 말이 되자 친척 일가 할머니가 나를 일꾼으로 보내라고 했단다. 우리 집이 궁핍하니 진학시키지 말고 일찌감치 농사일을 배우게 하라고 나름 배려하는 것이란다. 중학교 졸업하면 연간 품삯으로 쌀 3가마를 쳐준다는 것이다.

못 살아도 학교는 계속 다니는 것이 당연하다 생각했던 것이 와르르 무너졌다. 우리 집안에서 육촌에 이르기까지 고등학교까지 진학하지 않은 사람을 찾아볼 수가 없다. 남몰래 눈물이 흘렀다. 아버지가 원망스러웠다.

충격을 받은 것은 아버지도 마찬가지인 듯싶었다.

아버지가 달라지셨다.

일도 열심히 하시고 주사도 끊겠다고 하셨다.

삼촌이 말하길, "아편 주사를 끊는 건 죽기보다 어렵다."라고 하였다.

# 사춘기

    중학교 졸업이 가까워지면서 집과 나를 둘러싼 환경들이 너무 싫었다.

    방과 후 어머니와 밭일도 해야 하고, 동생들도 돌봐야 하고, 집 청소도 도맡아서 해야 한다. 친구들처럼 놀 수도 없고, 좋아하는 책도 읽을 수가 없다. 도무지 돌파구가 없는 것 같다.

    사춘기까지 겹쳐 울분과 슬픔으로 폭발할 것 같다.

    집을 떠날 방법은 없을까? 궁리 끝에 특단의 결단을 내렸다.

    졸업 후, 주경야독하는 것을 선택했다.

    수원에 있는 친척 형님에게 의탁하기로 마음을 굳혔다.

    형님은 서울대학교 농과대학 농학박사 교수다.

    실험농장에서 실험 조수 노릇을 하면 학비를 충당하면서 생활을 할 수 있다고 하였다.

## 가족과의 또 이별

　가족과 친한 친구들과 작별하고 목계 남한강 나루터로 나갔다.

　가족들 아무도 배웅하러 오지 않았으나 큰집 둘째 형이 포구까지 배웅을 해주었다.

　서울에 가려면 남한강인 목계 나루터에서 도강(渡江)을 해야 한다.

　목계 나루터는 예로부터 대단한 선착장이라고 한다.

　한때는 택시와 같은 상선 배가 200척이나 정박했다고 한다.

　중부지방에서 서울을 잇는 유통 수상로였던 곳이다.

　서울 가는 버스도 배로 건넌다.

　사촌 형이 꼬깃꼬깃 비상금을 꺼내서 100원을 주었다.

　둘째 형은 나이가 한 살 많았다. 싸우기도 하고, 여름이면 참외 서리, 사과 서리도 함께하며 정이 들었다.

　사촌 형이 악수를 하며 말했다. "'주경야독(晝耕夜讀)'하는 게 쉽지 않을 거야!

　건강 조심해라!" 뱃전에서 멀어지도록 손을 흔들었다.

　나는 속으로 다짐했다. 절대 집에는 돌아가지 않을 거라고.

## 고난의 시간으로

수원에서 고등학교 공부가 시작되었다.

형님댁은 농과대학 내 교수관사이다.

관사가 줄지어 있는 중 TV 안테나 없는 집이라고 알려주어 쉽게 찾을 수 있었다.

형님댁에서 일주일을 지내는데 내가 머물 수 있는 조건이 아니었다.

나 말고도 의탁하려는 친척이 많았고, 형님이 지도하는 학생 중 고학하는 대학생, 대학원생들도 많았다. 큰방 하나에 군대 막사 침상 같은 곳에 여럿이 같이 잔다.

형수가 착해서 모두 불평 없이 건사하고 있었다.

나는 낮에는 농장에서 일하고 밤에는 야간부 고등학교에 다녔다.

형님댁에서 며칠을 끼여 자는데 늦게 귀가하는 나도 불편하고 그들도 여간 불편한 게 아니다.

서울대학교 농과대학 실험농장건물 2층에는 실험실용 작은 방들이 많았다. 그중 하나의 창문을 비닐로 막아, 난방기 하나 없는 작업실에서 실험대를 침대 삼아 숙식을 하게 되었다.

일과 공부와 자취를 하는 전쟁 같은 삶이 시작된 것이다.

# 고등학교 1학년

중학교 때 동급생보다 키와 덩치가 좀 커서 농사일을 해도 어른 몫을 한다는 이야기를 들을 정도였는데 여기선 역부족이다.

정말 힘들고 나날이 지쳐간다.

나는 실험실 보조 일이라고 해서 실내에서 실험기구나 닦고 정리하는 것인 줄 알았다. 그런데 정작 하는 일은 농사일!

여우 피해 범 만난 격이다.

바둑판 같은 논이 즐비하고 그 적은 논에 각자 다른 품종의 모를 심고 거두는 일이다.

형님은 답작(논)이 주 연구 대상이었지만 전작(밭) 작물도 연구하였다.

일과시간 내내 쉴 틈이 없다. 소독하고 모를 심고, 일주일 단위로 키를 재고, 모포기가 증식하는 것을 기록하고, 이삭이 생기면 벼알을 세고, 한 포기씩 작은 전기 탈곡기로 탈곡하여 지정된 봉투에 담고….

소독약을 일정 비율로 타서 압축 분무기로 소독하고 나면 어지러워 비몽사몽이다.

일 끝나고 학교에 가면 공부는 뒷전이다.

그냥 출석만 하는 것이지 선생님 가르침이 귀에 들어올 리 없다.

졸다 오기가 일수이다.

일과가 끝나고 자정이 되어서 잠자리에 들면 10초도 안 되어

곯아떨어진다.

아침 6시에 시계 종소리에 깨어나면 한바탕 흐느껴 운다.

삶이 왜 이리 힘들까. 나만 이렇게 힘든 걸까….

## 월급을 받는다

삯을 받았다. 이날은 시장에 가서 쌀을 산다.
마가린 큰 덩이와 양간장도 한 병 산다.
좀 여유가 있으면 쌀 서 말 없으면 두 말이다.
밥은 전기난로에 한다. 하루 치를 한 번에 한다.
숟가락으로 3등분 금을 그어 아침 식사를 한다.
고향 집에선 보리 잡곡밥인데 그래도 여기선 쌀밥이다.
반찬은 양간장과 마가린뿐이다.
뜨거운 밥에 마가린 한 숟가락 넣으면 마가린이 녹는다.
거기에 양간장을 적당히 부어 비벼 먹는다. 김치 한 조각만 있으면 얼마나 좋을까….
그래도 노동량이 많으니 꿀맛이다. 밥이 입에서 살살 녹는다는 말이 맞을 거다. 밥을 씹을 사이도 없이 넘어간다.
점심을 당겨 먹고 싶은 유혹이 생긴다.
점심 분을 더 먹는다. 점심을 거른다.
이렇게 당겨 먹다 보면 월급 직전 며칠은 온종일 굶기도 한다.
함께 일하는 대학원생은 젊은 놈이 왜 이리 비실대느냐고 한다.
창피해서 굶고 있다는 말은 절대 안 한다.

## 형님의 촌철(寸鐵)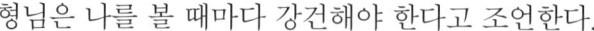

형님은 나를 볼 때마다 강건해야 한다고 조언한다.

본인의 힘든 공부과정도 말한다.

대학원 이 년 코스를 칠 년에 다닌 이야기도 들려준다. 돈이 없어 진흥청에 취직해서, 모이면 학교등록을 하곤 했다 한다.

미국 유학 시절도 혹독한 시련을 겪었다고 한다.

하루에도 열두 번은 더 포기하고 귀국하고 싶었다고도 했다.

일가를 이루려면 시련이 있어야 하는가?

형님은 금전적으로 전혀 도와주지 않았다.

서운하고 인색하다고 원망스러웠다.

연구비·인건비를 좀 후하게 주어도 될 것 같은데… 다른 사람보다 내게 더 엄격한 것 같다. 생에 대한 훈련인 걸까, 아니면 원칙주의자인 걸까.


형님은 '정도(正道)'도 많이 강조했다.

세상은 사람을 많이 속인다고 했다.

나 같은 사람도 속는데 너희들은 더할 거란다.

속지 않고 살아가는 방법은 요령 부리지 말고 정도를 걷는 것밖에 없다고 했다.

능력 이상으로 대가를 받는 것도 안 된다고 한다.

뭐든지 일확천금을 얻는다는 사고가 화(禍)를 부르고 불행을 자초한다는 것이다.

돈이 급해 가불을 신청해도 들어주지 않았다.

그러면 형수에게 쫓아간다. 형수님은 내 말을 다 들어주셨다.

사택에 들르면 김치도 좀 싸주고, 밥도 먹고 가라고 한다.

일요일에 돈을 빌리러 가서 소고기뭇국을 잘 얻어먹었다. 형수님의 소고기뭇국은 일품이다.

한 끼를 때웠다.

## 혹독한 겨울을 맞다

수원에서 첫 겨울을 맞이한다.

농대 농장의 겨울은 아주 혹독했다.

농장 한가운데 2층 건물에 내 숙소는 작은 실험실인데, 얇은 한 겹 유리창 하나다.

이곳 벌판의 겨울은 영하 25도가 보통이다. 벌판 한가운데 건물이 있으니 바람 소리 또한 요란하다. 지옥의 소리와도 같다.

온기라고는 직경 20cm 석면에 코일을 둘둘 말은 작은 전기 곤로(난로)가 전부이다.

조금 오래 틀어놓으면 열을 받아 코일 전선이 탁하고 끊어진다.

전기난로가 고장 나면 밥도 못 해 먹는다.

잠자는 건 솜이불 하나에 물을 뜨겁게 해서 담은 온수통이 전부이다.

그래도 온몸이 피곤하니 그냥 잠이 든다.

아침에 일어나 눈이 떠지는 것을 보니 밤새 얼어 죽지는 않았나 보다.

## 절망하지 말고 극복하자!

고등학교 2학년.

일 년이 지나니 이제 적응도 좀 되고 요령도 생겼다.

쌀이 떨어지면 실험연구 측정이 끝난 벼 나락을 전기 탈곡기로 털고, 작은 전기 정미 기계로 정미를 한다.

시장의 쌀이 7분도라면 이건 껍질만 겨우 까지는 누런 쌀이다.

밥을 해보면 밥맛이 없다. 요령도 생겼다.

물에 오래 담갔다가 물을 많이 넣고 죽처럼 해 먹으면 좀 낫다.

굶는 것보다 백배 낫다.

농장에서 전작(田作)으로 실험하는 온실의 채소도 뜯어다 먹었다.

양간장, 마가린에 상추 서너 장 더하면 훌륭한 밥상이다.

일단은 먹는 것이 해결되니 살 것 같다.

형님께서 "찾아보면 생활하고 공부하는 데 지장이 없을 거"라고 한 말씀이 이런 건가 하는 생각도 들었다.

조금만 더 부지런하고 머리를 쓰면 헤쳐 나가지 못할 것도 없을 거다.

누구도 도와줄 사람 없는데, 자강불식(自强不息) 힘을 내자!

# 나의 지원자들

일하면서 함께 아르바이트하는 대학원, 대학생 형들도 많이 사귀었다.

김○도, 노○호, 강○성 형들….

이들은 경기고, 서울고, 제물포고, 부산 경남고 출신들이다.

나의 멘토(Mentor)이며 개인 교사이다. 다들 한결같이 집이 가난하다.

내가 힘들어하면 힘내라고 격려도 많이 한다. 이들과 정이 들면서 식구처럼 되었다. 어떨 때는 형, 친구, 삼촌과도 같은 존재들이다. 나도 붙임성 있게 그들을 존중해 주고 예의를 지킨다.

들어보면 나만 힘든 것이 아니었다.

방학이 되어 집에 갔다 오는 길에 책도 여러 권 묶어서 가져다주었다.

본인들이 대학 입시 때 쓰던 책들이다.

그 책들을 보면서 감탄한다. 이리도 쉽게 설명이 되어 있다니, 학교에 다니지 않아도 수학(修學)이 가능할 것 같다.

오랜만에 가슴이 뛰었다. 잊고 있었던 공부의 맛을 알기 시작하며 촌음이 아까웠다.

일을 안 하고 공부만 하면 얼마나 좋을까!

자정에서 새벽 3시까진 열공을 하겠다는 다짐을 한다.

謂學不暇者, 雖暇亦不能學矣(위학불가자, 수가역불능학의).

공부할 시간이 없다고 하는 사람은 시간이 많아도 공부하지 않는다.

먼 훗날 "나는 공부할 여건이 되지 않았노라."라고 한탄한들 누가 알아주겠는가?

# 성가대

학교에서 음악 실기시험을 보았다.

음악 전담 선생님인데 서울 음악계에서 명망이 있으셨던 선생님이시다.

실기로 한 곡을 불렀는데, 곡을 지정해 주며 한 곡을 더 불러보라고 하신다.

외국 민요인데 국민학교 합창단에서 불러본 적이 있어 불렀다.

"○○ 교회 성가대에 추천서를 써줄 테니 찾아가 교회 성가대원이 되지 않겠냐" 하신다. 잊고 있었던 합창에 대한 열망이 불같이 용솟음쳤다.

하지만 나에겐 시간이 쥐어짜도 없다.

"선생님 너무 감사하고, 성가대원 하고 싶지만, 제겐 시간이 없습니다. 일과 공부를 병행하고 있거든요…", "일요일만 연습할 수 있으면 들러볼까!"

아니야, 아니야. 여러 가지 하다가 죽도 밥도 안 되지!

찬송가는 유명한 작곡가가 작곡한 음표에 가사를 더한 것이라 모두가 명곡들이다.

어린이 합창단 때 꾀꼬리 같은 목소리는 어디 가고 변성기를 거쳤으니 이젠 베이스를 해야 할 것 같다.

## 마음에 닿지 않는 한마디

형님은 가끔 교수실로 불러서 또는 오다가다 만나면 인생에 필요한 촌철(寸鐵) 한마디씩 한다.

힘들고 고단하고 피로에 젖어 있어 귀담아 잘 들리지 않는다.

오늘의 촌철은 "누가 일을 시켜서 하면 안 된다"는 것이다.

누군가 명령하기 전에 일을 찾아서 해야 한다는 것이다.

곰곰이 생각해 보면 무시무시한 촌철이다. "보지 않는 곳에서 삼가라!"는 말과도 상통하는 말이다. 일하며 요령도 부리지 말라는 의미이다. 실천하려면 뼈가 으스러지도록 몰아쳐야 한다.

좋은 말씀이지만 매일매일 과제를 해결하는 것도 벅차다.

그저 형님 말씀이 야속하기만 하다….

지금 내가 어떻게 사는지, 얼마나 힘들고 죽을 것만 같은지, 형님은 전혀 모르는 것 같다.

## 통일 볍씨를 개발하다

"서울대학교 농과대학 허문회 박사 신품종 볍씨 개발하다."

형님에 관한 기사가 신문에 대문짝만하게 났다.

드디어 벼의 소출이 현재의 세 배 이상 생산할 수 있는 다품종(多品種) 통일 볍씨 개발에 성공한 것이다. 학술 명은 통일벼 IR 668이다.

내가 실험 조수에 조수이니 나도 0.001%는 이바지한 걸까?

식량 자급이 절대 부족한 나라에서 이제는 자급이 가능할 거라는 예측이다. 보통 한 마지기 논에서 2 배출하던 쌀이 5 배출까지 가능하다니 이제는 온 국민이 배를 덜 곯아도 되려나. 이제 보릿고개도 없어지려나.

농장에서 형님을 만났는데 형님이 다시 보였다.

속으로 말했다. "수고하셨어요. 가문의 영광입니다…."

학문적 이론이 설정하고, 벼가 패기 시작할 무렵 수많은 교배 접종을 반복해 시도해서 얻은 결과이다.

## 목표를 구체화하다

고등학교 2학년.

농대 대학원생들의 조언 덕분에 나의 일차적 목표도 체계적으로 설정되었다.

형님은 농과대학을 들어오면 장학금도 주선해 주겠다고 독려하지만, 서울대학교가 아무나 입학하는 곳인가?

직장 없이 전력 질주해도 어려운데 내 처지에서는 언감생심(焉敢生心)이다.

내 목표는 우선 은행원이 되는 것이다. 대학은 그다음이다.

그러려면 자격증도 필수이고 학교 성적도 더 올려야 한다.

삼 년 성적이 평균 85점이 넘어야 하는데, 1학년 초기 성적이 부족하다.

기간은 얼마 안 남았고 해야 할 과제는 많다.

공부에 가속은 무섭게 붙었다. 가슴은 뛰고 시간은 부족하다. 수면시간을 줄이는 것밖에 방법은 없다.

조상님들이여, 제 건강을 지켜주소서….

자정에서 새벽 3시까지 하던 패턴을 새벽 4시까지 연장했다.

내 일생의 첫 출발을 지금부터 일 년이 좌우하겠구나 생각하니 피곤해도 잠이 올 리 없었다.

형들도 말했다. "굶어 죽은 사람은 있어도, 수면 부족으로 죽은 사람은 없다."라고.

## 무언지 모르는 한줄기 심적 물결이

어느 날 수원역에 수화물을 찾으러 갔다.
전국에서 보내온 실험용 물품들이다.
손수레에 겨우 다 실을 수 있는 많은 분량이다.
철길 위 다리는 언덕이 좀 가파르다.
뒤에서 밀어도, 앞에서 끌어도 좀처럼 언덕을 오를 수 없었다.
그야말로 젖 먹던 힘을 다 쏟고 지나는 사람이 밀어주고 도와주어 간신히 올랐다.
옷은 다 젖었고 땀은 범벅이다. 기력도 탈진 상태다.
농장에 도착하니 누가 오래도록 기다리고 있단다.
생각지도 않은 고향 이모가 온 것이다.
나를 알아보지도 못했다. 고향 시절하곤 변해도 너무 변했단다.
얼굴은 농장일로 그을려 새까맣고, 먹지 못해 피골은 상접이니 그럴 만하다.
어머니가 서울 가는 길에 잠깐 들려보라고 했단다.
"어찌 지내는지…." 이모는 서울에 일자리를 얻어 서울에 산다고 하였다. 이모는 나보다 네 살 많다.
나는 이모라도 창피하고, 이런 모습 보이고 싶지도 않고, 어떠한 대접도 할 수 없는 처지다.
집도 없으니 하룻밤 숙식할 방도 없으니 말이다.
나의 환경을 다 듣고 보고는, "당장 고향으로 가자"고 했다.
학교는 전학하면 되지 않겠냐고 했다.

"부잣집 좋은 가문에 태어난 장남이 이 고생이 웬 말이냐"는 것이다.

나를 붙잡고 계속 울기만 한다.

아버지도 변하셨다고 한다.

큰아들을 그리 보내고 일에만 몰두하신다고 했다. 삼촌이 마련해 준 야산에 사과나무도 심었다고 한다.

나는 고향에는 절대 안 돌아간다고 확고하게 말했다.

여기서 지쳐 죽는 한이 있어도 여기서 죽겠다고 했다. 이 년 새에 딴사람이 되었다고도 한다. 네가 그렇게도 독한 사람이었냐고 한다.

이모는 찌든 빨래며 더러워진 이불 홑청까지 모두 벗겨 세탁을 해주고, 가진 돈 다 털어 침구 몇 가지를 사주고 서울로 떠났다.

간만에 고향 집과 친구들을 아련히 생각했다. 나도 가족이 있는데 없는 것처럼 살고 있구나, 생각해 보면 먼 거리도 아닌데 다른 나라에 와 있는 것 같다.

이제 겨우 적응하고 사는 나에게 무언지 모르는 물결이 일었다.

친이모는 어찌 날 한 번도 챙기지 않을까?

어릴 때 함께 자란 언니의 아들이 죽었는지 살았는지 궁금하지도 않은가?

외삼촌들은 차치하고라도 이모는 이러면 안 되지! 다시 서러움이 복받쳐 한바탕 울었다….

# 절실한 금전

시간이 절실하다. 좀 더 돈을 마련하여 고등학교 3학년 때는 내 공부에 시간을 더 얻으려고 방학에도 추가 시간제(Part time job) 일을 하였다.

축산학과 한인규 교수님(훗날 농대 학장과 한림원 원장) 실험실이다.

한 교수님은 사료 영양학 분석의 대가라고 하신다.

영양분석에 필요한 시험 기구를 닦고 데이터를 정리하는 일이다.

깨끗하게 닦고 증류수로 또 닦는다. 불순물이 조금이라도 있으면 안 된다. 여러 가지 측정기기도 신비하게 접했다.

정밀 전자저울로 양도 정하고 통계도 내고 한다.

시간제지만 시급(時給)이 지금 일하는 농장보다 두 배는 된다.

한 교수님은 나를 잘 대우해 주셨다. 품삯도 더 많이 생각해 주셨다.

한 교수님은 형님인 허문회 교수를 무척 존경한다고 하셨다.

나에게 많은 배려를 해주신다. 교수님도 코넬 대학원 시절에 다른 유학생과 다름없이 어려운 시간을 보내셨다고 하신다.

교수님 가족들이 놀러 가는 피크닉에도 데려가 주셨다.

딸이 국민학생인데 참 예뻤다.

자가용으로 수덕사까지 놀러 갔는데 호텔 스테이크와 맛난 것도 많이 먹고 좋은 말씀도 해주셨다. 오래 기억될 것 같다.

자가용으로 여행을 하긴 처음이다.

사진도 많이 찍었다. 사막 길에 오아시스 같은 소풍 길이다.

# 정면 돌파

성적도 어느 정도 달성되었고 영어 실력도 많이 늘었다.

자격시험 급수(級數)를 더 올리는 것이 남았다.

공인 검정고시는 일요일 치른다.

일요일 국가검정 자격시험이 있어 응시하고 농장으로 돌아왔다.

함께 일하는 최○용 대학원생이 씩씩거리며 다가와서 뺨을 연거푸 올려붙인다. 눈에 불이 번쩍 난다. 영문을 몰랐다.

왜 이러냐고 했더니 "말도 안 하고 어딜 갔다 왔냐"는 것이다.

자초지종을 말해도 또 주먹이 날라왔다.

나도 화가 머리끝까지 치밀었다 누적된 울분도 폭발하였다.

나도 싸움에는 일가견이 있다.

수원 역전 패거리에게 80원 안 뺏기려고 3대 1로 싸운 적도 있었다.

나도 맞대응하고 사력을 다해 그와 싸움이 시작되었다.

나는 눈이 크게 부었고 그는 코피가 터져 엉망이 되었다.

누가 하나 죽어야 멈출 판이다.

그때 농장을 관리하는 농장관리원 서기가 말려 세웠다.

나에게 어찌 폭력을 행사한단 말인가. 기가 막혔다.

늘 함께 일하다 그날 혼자 어떤 일을 하다가 많이 힘들어 짜증이 났나 보다.

그는 진주에서 농과대학을 졸업하고 이곳 대학원에 진학한 사람이다.

무얼 몰라도 한참 모르는 사람 아닌가? 나는 그의 고용인이 아니다.

일요일은 나의 공부 좀 하겠다고 허 교수님에게 허락을 받았다고 말했다.

그는 말없이 수돗가로 가 피로 엉망이 된 몸을 씻었다.

억울해서 잠을 설치고 아침부터 찾아가 "분이 풀리지 않아 왔으니 인적 없는 곳으로 가 더 싸워보자"라고 했다.

그는 사과했다. 잘잘못을 떠나 폭력은 잘못된 것이고 무조건 잘못했다고 했다. 이후 그는 자기 일을 혼자 했다.

이번 사건으로 많은 생각을 했다.

"이제는 나의 삶에 더는 슬퍼하지 않을 것이며 비굴하게도 살지 않겠다."

무엇이든 정면 돌파하겠다고 다짐했다.

## 국화빵 세 개

　토요일 하굣길이다.
　해는 뉘엿뉘엿 지고 있다.
　점심을 걸렀더니 배가 등에 붙었다.
　학교에서 버스를 타러 가는 골목길엔 맛난 포장마차 음식점이 즐비하다.
　떡볶이도 먹고 싶고 잔치국수, 풀빵, 짜장면, 찐빵도 먹고 싶다.
　장발장이 빵 훔쳐 먹는 것이 너무 이해가 되었다.
　주머니를 뒤져보았다. 돈이 있을 턱이 없다.
　겨우 버스 차비 정도이다. 국화빵 파는 포장마차에 멈춰 섰다.
　한 개 사 먹고 농장까지 걸어가기로 했다.
　농장까지는 시오리가 넘는 길이다. 버스비가 없을 때는 가끔 걷기도 한다. 가다 쉬다 멀고 지루하기도 하다.
　수원여고 학생들이 주홍색 교복을 입고 줄지어 하하 호호하며 지나간다.
　중간쯤 의자가 있어 쉬면서 사색에 잠겼다.
　나의 짝이 될 사람도 어디선가 살고 있겠지.
　나의 이런 초라한 꼴을 본다면 저만치 도망을 가겠지.
　서글픈 생각이 들었다.
　그래도 나의 배우자가 될 사람은 유복한 가정에서 구김살 없이 잘사는 상상을 해본다.
　그리고 지금 "서울 명문 여고에서 공부도 잘하면서 지낼 거야." 하며 또 발걸음을 재촉한다.

터덜터덜 농장 입구에 도착하는데 식당 아줌마가 부른다.

농장 정문 앞에는 단칸방에 식당 하나가 딸린 작은 분식집이 있다.

국수도 팔고, 라면도 끓여주고, 막걸리도 팔고, 간단한 식사도 할 수 있다. 분식집 아줌마가 말했다. "토요일인데 오늘은 늦었네, 이제 마감하려 하는데 남은 밥을 먹고 가." 구세주 같은 하늘의 음성이다.

천사 같은 분이다. 가끔은 여기서 허기를 달랜다.

라면에 떡도 많이 넣어서 끓여주신다.

고맙습니다. 정말 고맙습니다. 은혜를 꼭 갚겠다고 속으로 다짐한다.

# 지(知)를 위해선 무지(無知)해야

고등학교 2학년 전반 학기가 끝나고 방학이 되었다.
이제 더 물러설 곳도, 다른 생각할 겨를도 없다.
대학생, 대학원생 형들이 준 참고서와 사사(師事)들로 자신감도 급상승하였다.
마음에 드는 참고서는 다섯 번도 더 보아서 거의 외울 정도다.
지(知)를 알기 위해선 무지(無知)해야 한다는 말이 너무 수긍이 된다.
책만 준 것이 아니다.
무엇이든지 물어보면 기초부터 상세하게 설명하여 준다.
특급 개인 가정교사를 여러 명 둔 것 같은 효과이다.
이제는 목표를 상향 조정하였다.
은행에 입행하고 야간대학도 진학하겠다는 야심 찬 포부를 가지게 되었다.
심장은 더 요동치기 시작하였다.
이제는 노동하는 것을 좀 가볍게 해야 한다는 생각에 형님에게 찾아갔다.
나의 진로에 대하여 말씀드리고 좀 가벼운 일을 해야 하는 당위성도 말했다.
논에서 하는 중노동으론 수면시간을 줄이는 나에겐 너무 무리라는 생각이 들었다.
"한인규 축산학과 교수님 연구실에서 일하겠습니다. 일하는 시간도 적고 실내에서 하는 일이라 논밭에서 하는 것보다 수월해서 체력 안배를 위해서 그리하려고 합니다. 편한 길을 찾아가는 것 아닙니다." 형님은 허락하셨다.

"어디서든 성실하게 임하면 그것으로 된다"고 했다.

# 학교장 추천

고등학교 3학년 후반기.

예년 같으면 은행원 모집공고가 났을 시기인데, 무슨 일인지 모집공고가 나지 않았다.

준비는 어느 정도 되었는데 혹시 올해는 건너뛰는 거 아냐?

불안한 마음이 들었다. 채용을 건너뛰는 해도 있었다.

담임선생님도 이상하다고 하셨다. 매일같이 신문만 확인할 뿐이다.

그러던 중, 학교 교장실에서 오라고 연락이 왔다.

학급 반장을 하고 있던 나는 "학급 반원 신상에 무슨 일이라도 있나?", 걱정이 앞섰다.

교장 선생님 이리저리 나에 대한 신상과 약간의 테스트를 하였다.

"담임선생님과 영어 선생님이 적극적으로 추천하셨다."라고 하며 학교장이 어떤 기업체를 추천하며 모레 시험을 보러 가라고 한다.

과목은 영어, 일반상식. 부기(Book keeping) 외 자격증이 있어도 실기시험을 치러야 한단다.

㈜선경합섬(SK의 전신)이라는 것이다. 은행이건 기업이건 교장 추천이 필요하다. 학교장 추천이 없으면 응시 자체가 되지 않는다.

은행을 지원해야 하는데 난감했다.

여기 합격하고 은행 모집하면 신뢰성 때문에 또 추천서 써줄까?

교장실을 나와 담임선생님과 상의했다.

담임선생님은 이곳이 은행 못지않은 발전적인 회사라고 하셨다.

내키지 않아 하니 "은행 원서도 꼭 써줄 테니 우선 시험이나 잘 봐보라."라고 하셨다.

그제야 시험에 응시하기로 하였다.

## 선경합섬과의 첫 인연

　시험 일자에 응시하러 갔다.
　농대 농장에서는 끝과 끝 서울 쪽에 자리 잡고 있었고 회사가 어마어마하게 큰 것에 놀랐다.
　많은 응시자와 함께 시험을 치렀다. 나는 실기시험 시 전혀 떨지 않았다.
　최종목표가 금융기관이기 때문이다.
　나보다 단수(급수)가 훨씬 높은 응시자들이 모두 떨어졌다.
　나와 SK와의 인연이 시작되었다.
　학교 졸업도 하기 전에 이 회사 관리부서 경리직이 된 것이다.
　입사가 결정 나고 다음 주부터 출근을 하라는데 옷이 없었다.
　옷이라야 교복 한 벌과 일 할 때 입는 낡은 작업복 두 벌이다.
　급한 나머지 동급생 원홍이를 찾아갔다.
　사정 이야기를 했더니 가지고 있는 옷 중에 제일 좋은 옷을 골라서 챙겨주었다.
　원홍이네는 TV가 있는 부잣집이다.
　회사에 다니며 내 신분은 급상승하였다.
　일본 기술자들이 쓰던 현대식 기숙사와 회사 구내식당에서 배부르게 먹을 수도 있었다.
　월급은 1만6천500원이다.
　야근수당을 합치면 2만 원이 넘었다.

5급 서기 공무원 월급은 8천 500 정도이다. 동급생 절친 성국이는 세무직 5급 공무원이 되었다.

  단순 비교하면 내가 공무원 세배는 된다.

  공무원은 보너스가 뭔지도 모른다.

  우리는 월급 외에 직급에 따라 200~500% 상여금도 받았다.

# 폴리에스터(Polyester Filament) 제조회사

입사 후 오리엔테이션 교육이 끝나고 공장 내부 견학도 하였다.
공장이라는 개념이 상상과는 판이하였다.
사무실보다 더 깨끗했다.
공장 내 바닥은 고급 파란 타일로 장식되어 있고 자동화되어 계기판 점검하는 몇 사람 외에 사람도 별로 없었다.
깨끗한 내부에 칩(Chip)이란 고체 알갱이가 에치렌글리콜(EG)과 중합되고 실(絲)이 늘려서 연신(延伸) 되며, 공정별로 규격화하여 보빈(Bobbin)이라는 큰 실패에 섬세하게 감긴다.
폴리에스터(Polyester)가 제조되는 것이다.
강철보다 단단하고 비단보다 아름다운 이 시대의 최고의 물질이라고 한다.
옷을 지으면 전에 보지 못한 색깔과 질겨서 수명이 아주 길다.
한국은 수출 드라이브(Ex_Drive) 정책으로 국부(國富)를 지향하고 있었는데 섬유(纖維)가 막대한 공헌을 하는 것이다.
공정상 청결이 필수고 실내는 온도가 적당하고 쾌적하였다.
사람을 위한 것이 아니고 제품을 위해서 깨끗한 환경은 필수적이란다.
우리나라도 이제 거대한 장치산업들이 태동하기 시작하는 것이다.

# 관리부서에서 병아리 사원

입사 일 년 차.

일하는 것이 너무 재미있다. 선배님들도 너무 친절하다.

나는 제품 출하에 따라 전표가 작성되면 규격별, 거래처별로 대장에 기재하고 정리하여 월 단위로 집계한다.

그리고 세무서에 간접세(纖維類)신고를 한다.

다음 달 10일까지 해야 하는데 이때는 무척 바빠서 야근을 늦게까지 한다.

먹지 네 장을 받치고 볼펜으로 꾹꾹 눌러쓴다.

한 장은 우리 보관이고 넉 장은 대외용이다.

집계해서 규격별과 거래처별이 딱 맞아야 하는데 안 맞으면 전표를 일일이 대조하고 집계를 다시 해야 한다.

한 번에 딱 맞으면 희열감이 두 배가 된다.

나는 계산은 빠르지만, 글씨가 세련되지 않았다. 글씨 연습을 많이 해야 하겠다. 보고서나 품의서에는 한문을 적절히 구사하여야 한다.

우리 부서 김 계장님 필체는 환상적이다. 한문을 정자로 써 넣으면 예술적이다. 관리부서에서는 글씨 잘 쓰는 사람이 인기가 최고다.

나는 필체를 배우려고 옛날 보고서를 보고 연습하고 흉내를 내보지만 쉽지가 않다.

김 계장님은 세무서에서 오랫동안 근무하시다 우리 회사에 특별채용 되어 오신 분이다.

일을 많이 배우고 있다. 엄청난 행운이다.

## 예전에는 들리지 않았던 촌철들

　일하는 요령도, 일 처리 숙달도 진전되어 담당 업무가 아주 가벼워졌다.
　1일에서 15일 사이만 무척 바쁘고 그 외는 좀 한가한 편이다.
　농장에서 잘 들리지 않았던 농대 형님 촌철 한마디가 이제는 상기되어지고 실천도 할 수 있을 것 같다.
　형님(서울대 허문회 교수) 말씀이 다가왔다.
　"일은 누가 시키기 전에 찾아서 하라"고 늘 하시던 말씀이다.
　그때부터 타 부서의 일도 많이 도와주었다.
　인사과에서 급여계산 할 때도 빠른 계산실력으로 필수적 인력이 되었다.
　기본급, 초과시간, 휴일수당, 야간수당 등을 기본 시급에 의해 계산하고 부서별로 집계된 총금액을 현금으로 받아 개인별 월급봉투에 담는다.
　봉투에 다 담은 후 100원이라도 남거나 모자라면 다 쏟아서 다시 담아야 한다. 한 번에 끝나면 이것도 쾌감이다. 월급계산 때가 되면 인사부서 고정 지원 멤버가 되었다.
　월급날은 정문에 사람들이 많이 모인다.
　술집에서 외상값 받으러 오는 사람들이다. 외상에다 가불에다 월급을 남몰래 챙기는 이들도 꽤 있다. 또 퇴근 후 옆길로 샐까 봐 마나님들이 진을 치고 기다리기도 한다.
　이 시대의 월급날의 풍경은 그랬다.

# SK 설립자 최종건 회장님

본사 2층에는 공장장 조종태 전무실이 있고, 안쪽에는 최종건 사장(설립자)실이 있다.

사장님은 거의 차를 타고서 본사 현관 앞까지 오시지 않는다.

정문에 차 세우라고 하고 발걸음 크게 성큼성큼 걸어 들어오신다.

신발은 구두가 아니고 워커처럼 생긴 발목 긴 운동화를 착용한다.

평소엔 정문에서 전화로 연락을 하는데 빨리 걸어오실 때는 그럴 시간 없이 관리부 사무실로 직접 걸어오신다.

나는 말단이라 맨 앞줄에 앉아서 일하는데 벌떡 일어나 인사를 하면 "어 일해, 일해." 하고 길고 넓은 관리부서를 둘러본다.

이만수 관리부장은 부장실에서 혼비백산하며 달려 나온다.

서울사무소에서 며칠씩 일하다 이곳에 오면 실무 부서를 순시하듯 한 바퀴 돌아서 2층 집무실로 올라가신다.

# 1972년 12월 남북 적십자회담

신문 지상을 도배하며 남북 적십자 회담이 서울에서 열렸다. 얼어붙었던 남북의 화해 분위기가 조성된 것이다.

산업시찰 방문지가 우리 회사로 선정되었다.

방문일 그날 공장에는 눈이 내렸다.

우리는 지위 고하를 막론하고 모두 일찍 출근하여 진입로의 눈을 쓸었다.

최종건 사장님도 나오셔서 눈 치우는 것을 독려하셨다.

우리 부서의 내 책상 위에는, 전국, 평양 해외 어디든 걸 수 있는 특별 전화기가 임시로 설치되었다. 보통 때는 시외전화 모두 교환을 통하여 비용을 지급하고 한참을 기다려야 연결되어 통화할 수가 있다.

준비과정에서 기관원이 전국 어디든 아는 사람이 있으면 전화를 해보란다. 무료로….

방문이 임박하여 우리는 각자 구역 당번을 서며 혹시라도 어떤 지원할 일을 위해서 긴장하였고, 사전교육도 받았다. 시간이 흘러 방문을 끝내고 돌아갔다.

그들은 공장의 규모와 청결함에 놀랐다고 했다. 성공적이었다.

화해 분위기가 지속하였으면 하는 바람이다.

# 내 몸에 맞지 않는 옷

선경합섬 입사 이 년 차.

부서 회식의 날이다. 윤○택 이사님도 참석하셨다.

회사의 수익성이 좋으니 보너스도, 월급인상도, 부서 회식도 푸짐하게 한다.

AID 차관(Act for International Development: 경제개발을 위해 미국이 제공하는 장기융자)으로 건립된 우리 회사는 빚을 제일 먼저 상환한다는 장밋빛 전망이다. 세계적으로 대단한 성과라고 한다. 국가도, 기업도 대단한 성공사례가 될 것이라 한다.

윗분들이 술에 약한 나를 놀리듯 반 잔씩을 따라준다.

거부하기 어려워 조금씩 마신 게 정신을 못 차리게 한다.

혼미한 상태로 기숙사로 돌아왔다. 생각에 잠겼다.

맞지 않는 옷을 입은 것 같다.

동년배들은 다 대학에서 공부하고 있지 않은가?

학비를 벌었으면 대학으로 가라던 농대 형님 말씀도, 대학원생들과 큰 포부를 논했던 말들도, 달콤한 생활에 취해 안주하고 모두 잊혀간다.

"허관회! 너 그러면 안 되지⋯."

"망가짐의 씨앗은 잘나갈 때 뿌려진다."라는 말이 생각난다.

상자에 넣었던 책들을 다시 꺼내고 펼친다.

주경야독(晝耕夜讀)이 계속된다.

2장

# SK인(人)으로 사십 년

## 환경에 맞게 대처하는 것

　울산사업장 건설이 완료 단계라고 한다.
　우선, 자재관리 저장품 수불과 제품 수불을 할 수 있는 경력 담당자가 전보되어야 한단다.
　우리 직속 부장님이 공장장 이사로 내정되었다.
　서울에 주거하는 사원들은 지방 근무를 무척 꺼리는 것 같다.
　지방 발령을 내면 심지어 사표를 내는 사람도 있다.
　타지에서 홀로 생활했던 나는 전국 어디라도 거부감이 없다. 딸린 식구도 물론 없다. 어디든 사람 사는 곳이고 거기서 또 새로운 인간관계를 맺는 것은 나에겐 오히려 기쁨이다.
　수원 생활 칠 년을 마감하고 울산 생활이 시작되는 것이다.
　야간 학부과정은 잠시 휴학이다. 환경에 맞게 대처하는 것이다. 인생은 마라톤이다. 조급하게 선, 후를 집착할 게 뭐 있겠는가!
　울산에서 이 년쯤 근무하고, 서울사업장으로 직행해야 하겠다는 생각에서다.
　남쪽 바다가 접한 곳 울산 생활이 기대된다.

# 무전여행(無錢旅行)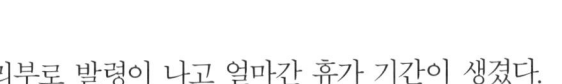

울산사업장 관리부로 발령이 나고 얼마간 휴가 기간이 생겼다.
오랜만에 선산에 들려 정성껏 참배하였다.
"어머니! 험하게 살았지만 비굴하게는 살지 않았습니다. 지금 이 정도가 된 것도 모두 조상님 덕분입니다."
친한 고향 친구도 만났다. 의기투합하여 여행을 계획했다.
은성이, 한성이와 셋이서 무전여행을 가기로 했다.
그동안 얼마나 바쁘게 살았는가! 내 시간도 없이 끌려가듯 살아왔다. 많이 설렜다.
코스는 남해안 인천을 시작으로 버스를 타고, 목포에서 배로 제주를 간다.
제주도 관광 후 부산으로, 부산에서 경주 고적지를 답사한 후 포항, 강릉을 돌아오는 나름 큰 장정이다. 말이 무전여행이지 여행비는 어느 정도 준비하였다.
어찌 설레지 않겠는가! 초, 중학교 때 수학여행 못 갔던 아쉬움을 모두 떨쳐버리겠다고 생각되니 밤잠이 오지를 않는다.
출발일이 되었다.
그런데 생각지도 못했던 일이 생겼다. 출발일에 한성이가 갑자기 일이 생겨서 못 가겠다는 것이다.
은성이와 나는 둘이서 한참을 마주 보다가 동시에 말했다. "그래 우리 둘이 출발하자!" 아쉬웠지만 한성이를 뒤로하고 우리는 출발했다.

준비물 분배해서 가지고 가기로 한 것에 차질도 있었고, 여행비용도 넉넉하지 못해 여행 내내 고생은 좀 했지만 그런 고생쯤이야 아무것도 아니다.

진정 꿀맛이다.

이런 나만의 시간을 언제 가져봤던가! 그리고 미래에도 이런 여유는 한동안 없을 것이다.

내 인생에 길이 남을 추억 한 페이지를 만들었다.

# 무전여행 마지막 코스

유서 깊은 경주를 성인이 되어서야 방문했다.

국교 수학여행 시 꼭 가봐야 하는 곳이라고 여행 함께 가기를 독려했던 담임선생님 말씀이 생생하게 귓전에 울렸다. 그때 친구들과 함께 와서 유적들을 보면서 설명을 듣는 모습을 상상한다. 그때 여행에 참석했던 은성이는 기억을 떠올리며 나에게 잘 설명해 주었다. 화려했던 신라 천 년의 생활은 어땠을까? 내 생에 말년은 역사학을 공부하고 싶다. 역사를 통해서 그들의 삶을 엿볼 수 있을 거다. 인간 수명을 천 년으로 연장하는 간접인생을 경험하는 기회가 될 것이다. 온통 호기심이 만감을 교체하게 하였다.

우리는 아껴 쓰느라 배부르게 먹지도 못하고 조금은 지쳐갈 때 포항에 도착했다.

포항에는 삼 년 선배 광하 형이 포항제철에 근무한다는 정보를 입수했다.

은성이가 연락해서 만날 수 있었다. 그는 전문대학을 졸업하고 이곳에 정착했다.

포철 사원식당에서 줄였던 식사를 맘껏 채웠다. 늘 우리를 지도해 주었고 함께하였던 선배와도 많은 이야기를 나누었다.

제철 공정이 섬유 공정과 많이 다른 것 같아도 비슷하다.

제철은 원철을 녹이고, 섬유는 DMT, 칩 등을 녹이고, 철근을 만들려면 용광로에서 연철공정을 거치고, 섬유는 연신공정(延

伸工程)을 거치는 것이다. 포항제철이 준공하면서 섬유(纖維) 종사자들이 대거 이동하기도 하였다. 국가가 공업화에 성장을 거듭하니 인력은 부족하여 고급인력 확보쟁탈전을 방불하게 한다. 우리나라도 이제는 잘사는 국가가 될 것 같다.

# 울산 부임

나의 삶 네 번째 도시는 울산. 울산사업장이었다.

울산 생활은 또 다른 환경에 적응해야 한다.

소위 역마살이 있는지 20대에 벌써 충청도, 강원도, 경기도를 거쳐 경상남도 울산에 온 것이다. 지역을 옮기거나, 사업장을 옮기거나 또 다른 부서 혹은 담당 업무가 변경되는 건 나를 흥분시킨다. 안주하지 않아서 좋고 새로운 것 배우는 것이 참 좋다. 오히려 한 부서에 오래 있는 거 못 견디겠다.

거대한 울산 플랜트는 울산지역 '용잠'이라는 바닷가에 접해서 시설되었다.

시설이 완료됨에 따라 정상회계 절차를 밟는 단계에 부임하였다.

지금까지는 건설단계라 "건설가계정"으로 처리되었다.

나도 초급사원이지만 사람이 없으니 역할은 간부급이다.

필요한 사원을 현지 채용하고 교육도 해야 한다. 새로운 회계 제도와 내부규정도 만들어야 한다. 본사 환경과 다른 점, 새로운 것 등을 보완해야 한다.

원자재, 저장품을 받고 관리하는 일 등 정식회계절차에 정신을 차릴 수 없을 정도로 야근을 해야 한다. 일복은 타고났나 보다.

창립사원에서 울산 플랜트 스타트 멤버가 되었다.

## 세죽(細竹)의 처용암

 울산에서 일 년여 시간을 정신없이 보내고 어느 정도 업무가 정립되었다.
 직원도 많이 충원되고 이제는 좀 여유가 생겼다.
 퇴근도 정상화되어 퇴근 후 울산 시내도 나가고 주변도 돌아볼 여유도 생겼다.
 바닷가에 지어진 거대한 플랜트는 천혜의 위치라고 한다.
 바닷물을 바로 정제하여 공장 가동의 용수(海水)로 사용하기도 한다.
 걸어서 조금만 가면 '세죽(細竹)'이라는 마을이 있다. 이름에 걸맞게 작은 대나무들이 집집마다 길가마다 자라고 있다. 중부 지방에서는 보기 어려운 남쪽 끝의 풍경이다. 이 마을은 부촌(富村)이다. 집마다 작은 어선이 있고 논농사와 전작의 농사도 짓는다. 또 우리 회사가 위치하는 바람에 자녀들은 일용직으로 수입도 올린다.
 무엇보다도 여기엔 그 유명한 처용암이 있다.
 "밝은 달에 밤 들어 노니다가 들어와 잠자리 보니 다리가 넷이어라.
 둘은 내 것인데 둘은 누구의 것인고. 본디 내 것이다마는 앗아간 것을 어찌하리오." 고전에 관심이 있는 나는 신비해하며 읊어본다.
 횟집도 아기자기 형성되어 어촌 풍경으로 그만이다.

나는 바다 회 먹는 방법을 여기서 배웠다.

이곳 붕장어(바닷장어, 일명 아나고)회는 일품이다 고소하고 담백하다. 초장에 먹을 때와 겨자 간장에 먹을 때 그 맛이 서로 다르다.

횟감에 매료되어 휴일이면 장생포에 있는 포구로 간다.

일반적인 건 기본이고 상어회 고래회까지 모두 섭렵했다.

울산은 매력 있는 지역이다. 이곳에 자원하기를 잘했다.

## 동반자를 만나다

울산에서 어느 정도 안정이 되었고 진급도 하였다.

직장급 이상 사용할 수 있는 독신자 기숙사는 바다가 내려다 보이는 전망 좋은 곳에 지어졌다. 플랜트 시설 시 일본인 엔지니어들이 머물다 간 기숙사는 웬만한 호텔보다 낫다. 고급침대와 책상, 옷장, TV 등이 모두 갖추어져 있다. 청소와 세탁을 도와주는 인원도 배치되어 있다. 공부하기에 최고의 환경이다. 경영학과 이 년 이상 이수자에게 제공되는 공인회계사 1차 시험이 면제되고, 2차 본시험 준비를 한다. 이거 합격하고 당당하게 배우자를 찾겠다고 내심 박차를 가했다.

일이 있어 상경했는데 맞선을 보라고 했다.

친척 여동생의 지인으로 "오빠와 잘 맞을 것"이라고 했다.

나는 아직은 혼인을 할 생각이 없었다. 내 목표를 실현하려면 할 일이 많기 때문이다.

그녀는 서울에서 중, 고등학교에 다녔고, 교육대학을 나와 교사라고 한다. 어렸을 적부터 막연히 상상했던 것과 일치하지만….

"그러면 내가 부족한데… 누가 지방에 근무하는 내세울 것 없는 나에게 시집을 온단 말인가…."

여동생이 말한다. "오빠는 심성이 착하고 잘생겼잖아."

"내가 오빠 사진을 줬는데, 오빠가 악의가 하나도 없고 순수해 보인대…."

우리는 만났다.

## 직장에서 멘토이자 좋은 형을 만나다

서울에서 경리부 직원이 전출됐다.

딱 봐도 눈에 빛이 나고 자신감이 넘쳐났다. 연대에서 경영학을 전공하고 여기서는 제조원가 계산과 자금을 담당한다. 원·부자재 저장품 담당을 하는 나와 부문별 원가자료를 넘겨받는 그와 밀접한 업무적 관련이 있다. 독신자이기 때문에 기숙사 2층 옆방에 함께 위치해 있다.

이즈음 나는 고삐가 조여졌다 느슨해졌다 하며 동기부여가 없었다. 배가 부르고 부족한 게 없으니 안이해진 거다. 때론 회사 동기들이 부추겨 시내로 놀러 나간다.

울산은 거대한 공업 도시였다. 또한 소비도시이기도 하다. 시내에는 나이트클럽, 볼링장, 먹을거리 등이 많아 날마다 흥청거린다. 나는 술을 잘 못 하지만, 동료들과 어울리면 가끔 선임이라고 객기를 부리기도 한다.

오늘도 내 삶이 아닌 그냥 따라다니는 삶을 산 것 같아 심적으로 불편하다.

거나하게 먹고 마시고 숙소로 돌아왔는데 경리과 김○근 형이 한마디 하신다.

"허형! 나하고 이야기 좀 합시다.", "그러시지요…."

술 마시고 피곤한데 업무 이야기인가? 하며 따라갔다.

"허형은 내가 보기엔 경험도 많아 일도 잘하고, 상사들도 모두 좋은 호감을 느끼고 있더라. 그런데 맞지 않는 동료들과 어울려 시간을 낭비하지 않나 생각되어서 하는 말이니 기분 나쁘게 생각하지 말고 들어주겠나?" 하는 것이다.

간만에 이전 농대 형들이 꾸짖는 소리가 귓전에 울렸다.

직장에도 야단치는 존형(尊兄)이 있구나….

내가 무슨 준비를 하는 줄도 모르고 제안 하나를 하신다.

"이제 간접세 제도가 없어지고 부가가치세 제도가 시행된다. 공인 세무사 자격이라는 게 있는데 자격증 획득하면 직장에서 승진도 빠를 거고, 나중에 개인사무소를 차려도 되니 방황하지 말고 공부를 하라"고 하신다.

좋은 인연의 시작이라는 직감이 확 다가왔다.

공부 중 모르는 것을 묻고 배우며 급히 친해졌다. 창근 형이 친형 같다.

# 신원조회

우리 사랑은 무르익어 혼인하기로 하였다.

양가에 알리고 상견례를 추진하였다.

당사자 간에 합의가 있어도 넘어야 할 산이 몇 개 더 있다. 양가 부모의 허락을 얻어내는 것이다. 그녀의 오빠들은 환경이 더 좋은 매제(妹弟) 감을 원하는 것 같다. 당연한 것 아니겠는가. 오빠들 벽이 걱정이다.

그녀가 예비 장인께 말씀을 드렸단다. "상대의 본가 집 주소와 인적사항을 적어 달라"고 했단다. 예비 장인은 안동김씨(安東金氏) 종손이다.

나의 인적사항을 가지고 충주 안동김씨 지원을 찾아갔다. 충주지원장은 초등학교 근처에서 도가(양조장)를 크게 운영하였고 우리 집안도 잘 아시는 분이다.

예비 장인께서는 인적사항을 보여주고 "혼인할 가문이냐?"라고 물었다 "허字 담字 손자이면 묻지 마시고 혼인시켜도 됩니다."라고 추천하셨단다.

우리는 현실이 중요한데 옛날 분들은 아직도 가문 타령이신가! 신기하다.


예비 장인 어르신이 귀가하여 "그 집과 혼인시킨다."라고 하는 한마디에 그의 오빠들은 더 이상 이의를 달지 못했다.

예비 장인은 한문학자이며 여주에서 버스사업과 정미소를

운영한다.

  그 이전에는 여주군의회 의장을 지내기도 하셨다고 처음 들었다.

  혹시나 하고 긴장하였던 것이 모두 풀렸다.

## 인륜의 대사(人倫大事)

식을 올렸다.

연애 이 년 만에 인륜지대사인 결혼식을 올렸다.

어머니가 살아 계셨으면 얼마나 좋아하셨을까.

기쁨 속에서도 짠한 마음 한구석을 감출 수가 없었다.

"어머니 보고 계시지요? 서로 의지하며 잘 살겠습니다."

식을 마치고 우리는 제주도로 가는 비행기에 올랐다. 하늘로 힘차게 솟아오른 비행기 창 밖에는 무한하게 펼쳐진 목화솜 같은 운해(雲海)가 끝없이 펼쳐져 장관을 이루었다.

좋은 조짐이라는 느낌이 나를 포근하게 한다.

둘이 나란히 앉아서 "서로 아껴주며 의지하며 잘 살아봅시다.", 언약했다.

그녀의 모습이 수선화처럼 화사했다.

## 아내의 풍금 소리

　신혼여행을 마치고 울산에 보금자리를 마련했다.
　회사에서 제공하는 사택(社宅) 열다섯 평 아파트이다.
　전기, 수도 등 모든 비용은 무료이고 관리비 명목으로 2천 원만 명목상으로 낸다. 아내는 사택단지에서 멀지 않은 학교에 전출되어 근무한다. 공단 사택이 밀집된 야음동에 있는 학교에 아내가 부임하면서 자기가 인기가 좋다고 너스레를 떤다.
　사택 촌에는 대부분이 서울에서 내려왔기 때문에 서울 중부 사람이 대부분이다.
　아내는 서울 표준말을 쓰는 교사라 학부형들이 더 좋아한단다.
　선경합섬 사택에도 부장급 자녀들이 있어 나에게도 호의적이다.
　아내가 지방을 마다하지 않고 나를 따라준 것에 감사했다.
　고마운 마음에 오늘 아내에게 풍금을 사줬다.

# 직장 새마을운동

 정부에서는 시골 마을까지 잘살아 보자고 정신적 문화와 새마을운동이라는 시스템적 보급이 전개되고 있다. 새마을운동 부문에는 주거문화 개선과 여·수신(與·受信)금융, 지역 집단이 공동으로 구매하고 보급받는 구판사업을 아우르는 새마을금고 기능도 있다. "함께하는 구성원이 실질적 주주가 되는 것이고 함께해서 얻은 이익은 배당으로 돌려준다."라는 이론이다. 당시 경남도청과 시청에는 이를 독려하는 새마을 지원 부서가 따로 있다.

 울산에 밀집되어 있는 대기업 사업군에도 이 바람에 동참하라는 공문이 왔다. 직장 새마을운동 부서와 직장 마을금고를 설치하라고 한다.

 공장장은 부장 회의에서 주관하고, 이행할 수 있는 적격자를 추천하라 했는데 내가 선발되었다. "인사부 복지담당이 되어 설립하고 육성할 때까지 전권을 가지고 이행하라!"라는 명령을 받았다. 복지담당과 사내 또 다른 법인을 설립하고 운영하게 되었다.

 직장 내에 새로운 또 다른 비영리 법인을 만들어 종업원에게 실질적인 이득이 되게 하는 것이다. 사원들은 탄탄한 대기업에 근무한다 해도 은행에서 대출이 어렵고 상당이 제한되는데 여·수신 금융 업무에서 자유롭고 누구나 쉽게 대출받고 상환할 수 있는 복지제도의 일환이다.

## 품질관리 QC 활동

 전 사업장에서 직장급 이상 교육을 받고 시험을 치렀다.
 요즘 우리나라 기업체는 TQC(Total Quality control) 품질관리 운동이 한창이다. 우리 회사도 적극적으로 동참했다. 초급 간부들은 품질관리에 필요한 고급기법까지 교육받고, 동참하고 지도한다. 기법 중에는 표준편차를 구하고 검, 추정(檢推定)하는 수학 문제도 있는 것이다.
 시험결과 우리 사업장에서는 품질관리과에 이○영 기사가 1등, 관리부에 내가 2등을 했다.
 답은 둘이 모두 같으나 전개과정에서 미세한 차이로 등수가 갈렸다.

# 생활에서 경계해야 하는 것

업무 중에 공장장 호출이 있었다.

자재 검수 시(檢收 時) 반품이 문제였다. 구매 담당과 검수 담당은 대립각이다. 자재관리 담당인 나는 검수 시 포장재 마대가 규격미달이었음을 확인했다.

그냥 반품했으면 좋았을걸. 임시직을 시켜 칼로 잘라서 반품을 했다. 들어보니 중소기업에서 반품된 건 작은 용기로 재활용을 하니 국가적 손해라는 것이다.

대단한 질책을 받았고 시말서(경위서)를 쓰라는 말에 나는 반발했다.

공장 QC 제도하에서 샘플 데이터를 검·추정하였고,

반품한 것을 혹시나 다음번에 통과할까 싶어 시간이 지나 그대로 보낸 사례가 있다고 했다.

서울 인사부에 견책성 감봉이 회부되었다.

생산부장이 도와주었다. 나에게 잘했다고 했다.

당시 포장재가 규격미달로 Polyester Fiber(솜)가 터져 거래처의 클레임(Claim)이 있었다고 했다. 간신히 위기를 면했다.

나도 좀 심했다고 반성했다.

좀 신임받으면 튀려고 하는 것, 잘난 척하는 것.

조직 생활에서 가장 경계해야 한다.

# 컴퓨터 프로세싱 요원으로
# '전산(電算(IT)) 1세대' 출발

서울로 발령이 났다.

험난한 고된 생활(生活)이 예고된다.

꽃길 같은 울산 신혼 생활도 끝일 것 같다. 전산(IT) 1세대의 시작인 것이다.

울산사업장에서 지원하는 모든 것과 작별했다. 관리비 한 푼 안 내는 회사 사택 생활도, 출근 버스 퇴근 버스 출퇴근이 일정한 신선 같은 근무여건도, 공장이라서 가능한 복지혜택도 모두 반납이다.

동료들은 영전이라고 축하를 해주지만 왠지 걱정이 더 많다.

서울 가서 할 일도 많았고, 여기서 이 년만 있다가 가겠다는 것이 벌써 오 년이 넘었다. 계획대로라면 좋아해야 하는데 정이 든 것일까?

왠지 울산에 더 머물고 싶다.


서울 본사에 전산부(經營情報部)가 신설되며 업무 경험이 많은 자를 충원한다고 한다.

나는 수원공장에서 경리 업무인 간접세 담당을 했다.

당시 회계는 모두 전표로 이루어져 분류하고, 집계한다.

울산에선 자재관리, 노무(인사)관리 업무, 제품 출하 업무를 모두 거쳤다. 상업부기 공업부기도 능통하다.

관리부문에서 나만큼 다양한 업무를 경험한 사원도 없을 것이다.

그래서 내가 추천된 것 같다.

# 돌아보니 꽃길

 예상한 대로 서울 생활은 힘들었다.
 우선 돈이 없다 보니 서울 변두리 암사동에 작은 집을 구했다. 출퇴근만 3시간, 4시간이다. 전셋집은 연탄 난방이다. 울산 사택에 중앙공급식 난방에 비하면 불편한 것이 한둘이 아니다. 신혼 출발을 너무 쉽게 시작한 것 같다.
 울산에서는 간부급으로 관리해야 할 직원이 스무 명이 넘었지만, 여기선 내가 말단이다.
 게다가 지금까지 서울 본사 전산 과조직(課組職)으로 운영되었던 기존인원의 텃세도 심했다. 거의 왕따 수준이다.
 잠시 쉬는 시간에 울산사업장 생각에 잠겼다.
 울산 생활 오 년은 정말 꽃길 같은 삶이었다.
 수원사업장에서 업무를 탁월하게 수행하고 경륜으로 울산에 내려갔으니 중견 대우를 받았다.
 자재 검수 담당을 했던 나는 관리부서 인원 충원과 신입 인원 교육을 맡아서 존재감을 과시했었다.
 공장장도 함께 일하다 내려갔으니 나는 정말 특별대우를 받았다.
 지금 생각해 보니 부족한 것이 없었다.
 말단이면서 중견처럼 일하고 길들여진 것이 이제 서울 생활을 더 힘들게 만들고 있다.

# 그리운 울산사업장

전근하여서 한동안 울산 생활들을 떨쳐 보내지를 못한다.

울산 생활 그 당시는 노조가 미약했으니 관리부서가 지침을 정하면 거의 그대로 따랐다. 이의를 제기하는 일은 없었다.

초창기 독신자 시절도 화려했다.

일요일엔 회사 차량을 언제든 이용할 수 있었다.

그때 울산 주변 지역은 모두 관광했었다. 부산 태종대, 남해, 충무, 경주 관광단지, 포항까지도 도시락은 상시 주둔했던 영양사가 해결한다. 바닷가 생활도, 바다 생태계도 그때 알았다.

현지 채용된 사원들은 모르는 것도 많이 알려주었다.

현지 채용자 집에는 고기잡이 배들이 한 척씩 다 있다. 선임 기회를 이용하여 그들의 배를 유람선처럼 빌려 썼다. 여름 휴일이면 무인도에서 낚시도 하고 수영도 하고 즉석 회도 떠먹고….

바다낚시의 묘미와 금방 잡은 어류는 육질이 좋아서 횟집의 그것보다 훨씬 식감이 좋다는 것도 그때 알았다. 그곳은 나에게 천국과도 같았다.

인사과 근무 당시 마을금고도 내가 만들고 안정화했다.

전 사원들의 출자금으로 운영되어 예금도 받고(수신) 대출(여신)도 해주고 공동구매도 했으며 중고시장 위탁매매 등 적극적인 수익사업으로 연간 53%의 배당도 하였다. 은행 문턱이 턱없이 높은 현실에서 싼 대출이자, 높은 배당으로 종업원의 인기가 폭발적이었다.

 직장에서도 복리후생 목적으로 새마을운동과 새마을금고로 제안된 마을금고다. 여·수신 업무는 연합회에서 매뉴얼이 있었지만, 수익을 많이 내는 구판점을 운영하는 회계 제도는 없었다. 전국적으로 그랬다.

 내가 월말 재고 법을 써서 투명한 회계 방식을 지침서(Manual) 화했다. 우수성을 인정받아 경상남도 전 지역에 운영지침서 보급도 했다. 공로로 경상남도 지사 표창도 받고 경상남도 공무원 교육원에 공무원 대상으로 정기적 '새마을운동 성공사례' 강의도 했다.

 울산시 새마을운동 협동회에 울산지역 직장 대표로 부회장 직도 맡았다.

 젊은 나이에 지역 유지를 잠시 경험해 보았구나….

## 어쨌든 서울 생활

　서울 고난의 생활이 시작되었다.

　처음 접하는 일, IT 기술이 없으니 업무에 투입되지 못하고 장기간 외부기관에 전산 교육만 받으러 다녔다. 개발단계는 다음과 같은 절차로 이루어진다.

　현상파악 → 시스템 분석 → 업무 Flow Chart → 아웃풋 설계 → 코딩 → 단위테스트 → 종합테스트 → 매뉴얼 작성 → 이행(Implementation).

　현상파악은 업무에 관한 내용이다. 단순한 업무가 아니라 실무담당자 못지않게 상세하게 알아야 한다. 일반업무 외에 회사 규정, 반기, 분기 또는 결산에는 어떻게 처리해야 하는지를 알아야 시스템에 반영할 수가 있다. 그 부서의, 또 회사의 특성에 맞게 예외처리하는 것도 모두 반영하지 않으면 잘 돌아가던 시스템에 일 년, 이 년이 지나고도 버그(Bug)가 날 수 있다는 것이다. 시스템화하는 데 현상파악이 제일 중요한 이유다.

　그리고 전산화 원리에 따라 시스템 분석을 한다.

　시스템 분석은 초기데이터(Input)가 무엇이고 입력된 데이터가 어떻게 계산되고 가공되는지(Data Processing)를 상세하게 묘사하는 것이다.

　이것이 끝나면 데이터가 어떻게 논리적으로 흘러가는지 도식(圖式)으로 플로 차트(Flow Chart)를 일목요연(一目瞭然)하게 작성해야 한다.

그다음은 최소화의 입력으로 최대한의 자료(Output)를 설계(設計)한다.

그리고 상기 분석 자료에 의하여 코딩(Coding)한다. 프로그램을 짠다고도 한다. Coding 언어는 COBOL과 포트란 이 대세이다.

# 해외연수

  1981년도에 해외연수는 상업 · 비즈니스만 허락되었다.

  일반인은 해외여행을 할 수가 없다. 출국은 엄격하게 통제되는 시대이다.

  당사는 합작사였던 일본 테이진(帝人, ㈜Teijin) 회사의 지분을 모두 인수하였지만, 여전히 기술 제휴는 이루어지고 있다.

  IT 기술이 삼십여 년 앞서 있는 테이진의 연수가 계획되었다.

  연수 인원이 IT와 실무(Application) 부서에서 선발되고 퇴근 후 함께 모여 일어(박성원 著) 공부도 시작되었다.

  서울대학교 어학 연구소에서 모두 시험에 합격하기까지는 상당한 시간이 흘렀다. 일본어 실력이 어느 정도 오르지 못하면 연수 효과가 없으므로 회사에서 어학 실력의 지침(Guide Line)을 설정하였다. 큰 비용을 지급하고 체계적으로 교육받아 진정한 기법(Know How)을 알아 오기 위함이다.

  시험 때문에 연수 일정도 한 차례 연기되었다.

  "해외연수라니?" 나는 외국에 대한 동경과 궁금증이 어우러져 기회를 놓칠 수 없었다. 적극적으로 열심히 공부했다.

  연수팀 리더는 리더대로 분주했다. 연수 자료를 미리 받아 필요한 내용을 선별해 준비하도록 했다. 어학 공부를 하는 한편으로 보내온 그 IT 전문자료도 사전 학습하며 이해되지 않는 것은 메모하여 연수 시 알아내기로 했다.

  연수 효과를 극대화하기 위함인데 과정은 쉽지가 않다.

## 일본 테이진에서 IT 시스템 개발기법

연수는 시작되었다.

일본 연수는 고된 일정이었다.

팀 Leader가 연수 기간 중 매일 사전과제 사후과제를 내주어 수면시간을 줄여야 했다. 나도 팀 리더가 되면 저런 열정이 있을까?

IT 연수뿐만이 아니라 구매, 마케팅, 재무관리기법 등 실무업무(Application) 방법도 틈만 나면 자료수집을 해야만 했다.

IT 시스템 개발기법과 원가계산, 자금관리 생산관리기법 등 기술(Know How)을 하나라도 더 알려고 혈안이 되었다. 꼭 산업스파이(?) 같다.

기업 활동이 아니라 애국자가 된 듯했다.

그들은 공공연하게 경영기법이 한국보다 삼십 년 앞섰다고 한다.

그들의 전산 프린터는 우리의 136 Line Printer를 넘어 낱장 프린터도 있어 자료나 매뉴얼이 즉석 프린트되고 제본이 된다. 이건 참으로 부럽다.

우리는 속으로 "천만의 말씀, 우리가 수집하고 조사한 자료로 오 년 만에 따라잡겠다."라고 다짐했다.

일본에서 제공하는 연수는 특이하고 정성껏 지원했다.

우리가 일곱 명이 교육을 받는다면 과장급이 거의 일곱 명이 보좌 지원한다. 그들의 과장급 연륜은 한국의 부장급 정도 되는 것 같았다. 나이도 그렇다.

다음 순서의 과목을 이어갈 강사는 그전에 필수적으로 합석하여 중복을 피하고 연결성을 위해서 참석한단다.

그리고 재무담당은 재무담당이 구매 담당은 구매 담당이 옆에서 보좌하는 형태이다. 교육비용이 전혀 아깝지가 않다는 생각이 든다.

회사에 극비상황이 아니면 자료요청에 모두 응해 주었다.

팀 대표 권○동 부장이 적극 질문을 유도했고 교육 기간 내내 힘들었지만 신지식을 습득하고, 국내 일반인들은 해외여행 꿈도 못 꾸는 시절의 기회이니 마냥 행복하다.

그리고 교육을 잘 받아서 크게 성장하여 돌아갈 것이다. 자세도 새롭게 할 것이다.

우리는 경비 절감을 위하여 될 수 있는 대로 구내식당을 이용한다. 주변 관광도 자제하고 휴일이면 숙소에서 자료정리를 하였다.

# 귀국 선물은 바나나

　연수 마지막 날 연수 평가회를 열었다.
　모두가 힘들었지만, 효과가 크다는 만족감이다.
　자료를 챙긴 것만 해도 연수비용 열 배는 넘겠다는 생각이 들었다.
　연수자 모두가 챙긴 설명서 관리기법 자료가 한 짐씩이다.
　연수팀 리더(Leader)는 "회사에 돌아가서 연수 정례화를 건의하겠다."라고 해서 모두 손뼉을 쳤다. 다른 사원도 많은 기회가 있으면 좋겠다.
　꽉 짜진 연수 일정도 힘들었지만, 음식이 맞지 않아 힘들었고 무엇보다도 가족에 대한 그리움도 컸다. 두 살 된 딸아이가 너무 보고 싶다.
　돌아오는 날 소니(Sony) 카세트 리코더, 전자기기들을 좀 사 왔다.
　그곳에서 생활하며 아끼고 아낀 여윳돈으로 가족을 생각하며 산 것이다.
　귀국해서 내가 사 온 것 중에 최고 인기는 단연 바나나다.
　바나나는 싸지만, 식품이라서 가져갈 수가 없다고 했다.
　그러나, 먹고 버리고 오려는 것이 버릴 시간이 없어서 운 좋게 "가지고 온 바나나", 국내에서 구경하기 힘든 바나나가 최고 인기였다.
　아내는 바나나를 반 토막씩 잘라서 귀중한 손님에게만 대접했다.

# PDP-11/70 컴퓨터

드디어 업무에 투입됐다.

선임자의 텃세 등이 나를 힘들게 했다. 직급도 입사도 내가 빨랐지만, 그들은 전임 고참 행세를 한다. 어쩌겠는가? 나는 이제 신입사원이다. 홀로 설 수 있을 때까지 처음부터 다시 시작하는 자세로 임하지 않으면 안 된다. 전문가 집단에선 전문성이 최고다. 직급도 나이도 그다음 순서이다. 그러려면 기술적 스킬을 빨리 익혀야 한다.

지금까지는 사내 컴퓨터가 없어서 빌려 써야 했었다. KIST(現 KAIST)의 컴퓨터실에 가서 그 기계 사용료(Rental Fee)를 내고 쓰는 것이다.

펀치 카드(Punch Card)를 한 상자씩 들고 가서 대기하면 KIST 오퍼레이터(Operator)가 순서대로 컴파일 처리를 해준다. 언어(COBOL Language) 프로그램이 논리상 치명적(Fatal) 에러(Error)라도 나면 그다음 순서로 다시 기다려야 한다. 그러다 보면 밤도 새운다.

그러던 중 회사에 우리만 쓰는 컴퓨터(Computer)가 새로 도입되었다.

전세 살다 집을 산 것과 같이 우리는 모두 기뻐했다.

PDP-11/70이라는 실시간 응답(Time Sharing)으로 상당히 진보된 컴퓨터다.

카드 리더(Card Reader)기로 언어(Language)를 읽는 것이 아니라 입력하면 컴퓨터가 바로 응답하는 획기적 프레임(Main Flame)이다. 논리에 맞지 않으면 바로 에러(Error) 메시지를 내보낸다. "무식하다(Ignorant)."

천정까지 닿는 옷장 다섯 개 정도 붙여놓은 크기다.

옥탈 Code로 16bit 기계(Machine)이다.

본체 중앙처리장치(中央處理裝置) CPU(Central Processing Unit)와 자기테이프 드라이버 장치는 작은집에는 들어가지도 못할 큰 옷장 다섯 개를 붙여놓은 것처럼 크다.

디스크 드라이브(Disk Driver)도 800메가바이트 정도 하는 것이 세탁기만 하다….

회사로서는 전산(IT)에 획기적으로 투자한 것이다.

## "익숙해질 거예요."

새 컴퓨터에 적응하기 위해 밤낮으로 자판을 두들겼다.
"백독이불여일타(百讀不如一打)"
퇴근 후엔 영어로 된 설명서(Manual)를 싸서 들고 집에서 새벽까지 번역하고 기능을 찾아보았다.

아내도 서울로 전근해 생활이 매우 힘들 텐데 옆에서 모르는 단어들을 찾아주었다. 아내는 강남 학군에 전출되었다. 그도 출퇴근과 딸애 돌보는 것이 만만하지 않을 것이다.

가사뿐만 아니라 서울 하층 생활이 녹녹지 않을 것이다. 그런데도 불만이나 짜증을 내는 모습은 볼 수가 없다.

아내는 서로의 직장 일에 관하여 대화를 주고받으며 잠 못 자고 일하는 나를 도우려고 하는 모습이 역력하다. 그는 나에게 "좌절하지 마세요, 이것도 일이 년 지나면 익숙해질 거예요. 언제나 그랬듯이 말이에요."라며 기운을 북돋아 주었다.

새로운 컴퓨터 호스트 설명서(IT Manual)는 전문 용어라 해독이 만만치 않았다.

요령을 알 때까지 테스트를 많이 해야 내 것이 될 거다.

백지식이 불여일타(컴퓨터와 대화에서 바른 응답 결과만이 내 지식이다).

남들이 출근하기 전에 먼저 가서 모니터를 선점해야 한다.

부서에 온라인(On-line)모니터가 부족하여 일과 중에는 모니터 쟁탈전이 벌어진다.

# 일의 재미

　어느 정도 시간이 되고 프로그램(Program(COBOL)) 작성하는 게 제법 능숙해졌다.
　나는 구매와 재무회계(MIS)를 시스템화하는 담당인데 현장에서 실무를 해봤으니 현상분석이 대부분이 생략되므로 속도가 빨라졌다.
　자재관리, 일반회계를 단기간에 멋지게 해냈다.
　실무 부서에서 깜짝 놀란다. 수기(手記)보다 보기도 좋다.
　전산화가 실무 부서의 밥그릇 뺏지나 않을까 경계심도 있었다.
　그 시간에 더 고급 일을 하면 되는 것이다. 자료를 보고 경영분석도 하며 단순 업무에서 벗어난다는 의미이다. 고급인력들이 기장(記帳)이나 하면 되겠는가? 이제는 경영도 선진국과 겨루어야 한다.
　시산표, B/S, P/L 보조장이 라인프린터(Line Printer: 둥글게 된 원통에서 글자가 조합되어 한 줄씩 인쇄됨)를 통해 쭉쭉 출력되었다.
　어떤 게임(Game)보다 더 재미나는 순간이다.
　모니터 앞에서 시간 가는 줄 모르겠다.

## 초등학교 반장님들

우리 회사는 극동빌딩에 자리한다.

충무로 극동빌딩(옛날 일신초등학교 자리)으로 고향 친구가 찾아왔다.

임하와 영배는 국민학교 동기동창이다.

이 둘은 모두 똑똑하여 각자 반장을 연임했다.

한 반 칠십여 명이 넘는 전통 있는 충주시 엄정초등학교의 학급 반장은 아무나 하지 못했다.

공부는 기본, 운동 잘하고, 잘생기고, 친화력, Leader Ship도 있어야 했다.

나도 부친도 할아버지까지 삼대(三代)가 이 학교를 나왔다.

부모 뒷바라지가 거의 없는 그 시절은 능력이 타고나야 반장을 하는 것이다. 그런 그들이 진로를 잃고 헤매고 있다.

집안의 조그마한 지원만 있었으면, 그들은 서울대학교도 능히 들어갔을 소중한 친구들이다(당시 3반 반장은 서울대학교를 들어갔다).

나도 울산공장에서 막 서울 본사로 전출되어 기반이 잡히지 않았고, IT(전산부) 부서 속성상 야근을 밥 먹듯 하는 실정이다.

도움을 주기는 역부족이다. 그렇다고 용돈 몇 푼 주어 보낼 수는 없었다.

일단은 건너편 대한극장에 표를 사주고 영화 관람 잘 하고 퇴근 시간에 다시 보자고 했다.

들어와 일하면서 친구들에게 어떻게 도움을 줄 수 있을까 내내 그 생각만 했다.

"고기를 잡아주는 것보다 고기 잡는 방법을 알려주라고 했겠다."

퇴근 후 다시 만나서 저녁 식사를 했다.

단골집 청계천 골목에 실속 있는 생선구이 집에서 그간 지나온 고향 얘기도 하며 술도 한잔했다.

친구들은 내가 박절하지 않고 시간을 내준 것에 진정 고마워했다. 똑똑하고 배포 있던 친구들이 왠지 움츠러든 모습이었다. 아마도 세상살이가 잘 풀리지 않으니 위축이 된 듯하다. 그때 그 기백은 어디 갔을까.

며칠 후 지인들에게 부탁하여 임하 친구는 여의도 라이프주택 건설사에서 일하게 해주었고, 영배 친구는 기술 배워 장사하라고 충무로 인근에 일자리를 마련해 주었다.

반장님들! 부디 자신에게 맞는 길을 찾아가세요! 크게 응원한다.

# Co_ordination, 동료애

    현업부서에선 차승진 과장, 김성수 과장, 박민웅 과장 등이 진취적이고 전산화에 적극적이다.
    제조원가 계산 시스템 개발이 시작되었다. 공업부기 부문이다.
    섬유 화학 회사의 특수성 때문에 반제품 타 계정 대체가 수없이 반복되어 매우 복잡하다. 컴퓨터(Main Frame)의 용량이 크면 크게 테이블(Matrix Table)을 잡아 활용하면 되지만 용량에 한계가 있었다.
    위 세 과장과 모니터에 얼굴을 맞대고, 전산화 진행(Process) 과정에서 접근해 가는 답을 보며 환호했다.
    시간 가는 줄 모르고 통금에 걸려서 날밤을 새운 날도 많았다.
    연대에서 경영학을 전공한 차승진 과장은 명석하고 적극적이다. 그리고 겸손하다. 진정한 친구를 얻은 것 같다.
    직장 동료의 동료애(同僚愛), 학교 동창과는 또 다른 맛이 있다. 한솥밥 한 식구 아닌가?
    우리 오랫동안 함께 갑시다. 타 부서와의 협력, 또 다른 맛이다. 직장동료들의 일 처리 호흡은 정말 흐뭇하다.

# 특급 동료

일과를 마치고 동료직원 부친상이 있어 장례식에 갔다.
장례식장이 아닌 단독주택 집에서 고인을 모신다.
SK그룹 홍보실에 근무하는 승진 동기다. 나이도 동갑이다.
장례식장이 아니기에 일손도 좀 달리는 모습이다.
늦게까지 일을 좀 거들어 주고 늦은 시간 자정이다.
귀가해야 하는데 내일 발인 시 운구 인원이 부족하다고 한다.
귀가하기가 난처하였다.
고려대를 나온 의리가 있는 친구라 도와줄 친구가 많을 줄 알았는데 의외이다.
평일이니 내일 산에 갈 사람이 부족한 듯하다.
그의 집은 관악이다. 집도 멀고 늦었고, 귀가를 포기하고 명일 운구에 참여했다.
아내에게도 한마디 들었다.
무단으로 출근하지 못해 직장 상사에게도 또 한마디 들었다.
부서에 중요한 일과가 있었는데 차질도 있었다.
평소에 없었던 일이라고 상사에게 질책을 감수해야 했다.
그래도 잘했다는 생각이 든다. 그 후 그 친구와는 특급친구가 되었다.

# 창칼이 탱크로 바뀌다

회사 컴퓨터(Main Frame Computer)를 바꿨다.

컴퓨터 성능이 무서운 속도로 발전하는 것 같다.

PDP-11/70 기종의 후속 모델(Model)이 출시되었다.

똑같은 미국의 델(DELL) 회사가 제조한 것인데 소형에서 대폭 증설(Upgrade)된 것이다.

VAX(Virtual Address Extension)라는 중형 컴퓨터이다.

Octal Code에서 32Bit 머신이다. 성능이 놀랍다.

소스 프로그램(Source Program)을 기계어로 바꾸어 태스크(Task)를 만드는 컴파일 작업이 3시간 정도 걸리던 것이 10초면 끝난다. 너무 신기해서 뭐가 잘못되었는지 알았다. 시스템 개발 효율과 환경이 확 바뀌었다.

전쟁에서 창, 칼, 활로 싸우던 것이 소총의 무기를 건너뛰고 탱크를 공급받은 것과 같다. 불과 몇 년 전만 해도 컴퓨터 살 돈이면 절반만 들여서 인력을 충원하면 효율적이라고 했었다. 그러나 新문명에 뒤처지면 만회하기 어렵고 2등 기업으로 밀리는 것이 자명하다. 시의적절(Timely)해야 한다. 그래서 최고경영자는 현명해야 하고 결단력이 필요하다. 사장님의 결단력에 감사한다.

전쟁도 신무기가 성패를 가르듯 경영(Management)에서도 운영 도구(Tool)가 경쟁력이 되는 시대가 열린 것이다.

# 수혈(輸血)

일사천리로 개발하다 보니 과신을 하였다. 화학 회사의 제조원가 계산은 만만한 게 아니었다. 초기 원료만 투입되는 원가계산은 간단하다.

한번 계산한 후 반제품이 제품으로 팔기도 하고(다시 합성), 타 계정 대체되어 제품의 규격별로 다시 비용을 배분하는 과정을 반복해야 한다. 투입된 원재료도 모두 비용이 되는 것이 아니고 공정품 수불을 하여 출고분만 반영해야 한다. 재고는 재공품 자산으로 남는 것이다.

제품이 50여 개라면 제품별 규격이 50여 개가 넘는다.

이를 50여 회 반복해야 한다.

인건비 등 제조비용도 바로 비용이 아니다.

공정별 재공품 수불에 비례 되어 출고분만 비용화한다.

자신감에 현업 수작업 없애라! 큰소리쳐 놓고 바로 이행에 돌입하였다. 기업 월차 손익은 보통 다음 달 10일까지는 완료되어 보고되어야 하는데 20일이 되어도 완료되지 않았다. 정말 피 말리는 시간이다.

퇴근은 7일째 못 하고 있다.

담당 임원까지 와서 내 모니터 앞에서 기다리고 있다.

가슴은 답답하고 힘은 쭉 빠져 넋 나간 사람이 되었다.

정말 이해가 가지 않아 밤새도록 수작업을 해보았다.

원인을 찾았다.

그리고 프로그램 수정하여 정답을 내고 화장실에서 쓰러져 정신을 잃었다.
스트레스성 위출혈이란다. 근처 영락 병원으로 실려 갔다.
수혈까지 받았다.

# 복귀하다

열흘 정도 입원 후 퇴원해서 업무는 잠시 쉬었다.

너무 혼쭐이 나서 다른 부서로 옮겨달라고 했다.

두 번 다시 IT 업무를 하기 싫었다.

일반 Application 업무를 하면 쉽게 평범하게, 야근 없이 근무할 수 있는데, 이제는 그만하고 싶다. 나의 성격상으로 한 업무를 너무 오래 했다. 이제는 마케팅 부서에서 일하고 싶다. 사실 IT 종사자가 첨단 업무를 한다고 하고, 고급인력이 하는 거라고 하지만 중노동이다. 일에 빠지면 몰두되어 소변 보는 것도 참으며 모니터만 보게 된다. 흥미롭고 도취되니 건강에도 나쁠 것이 자명하다. 특히 시력이 급속도로 나빠진다. 부서장에게 타 부서 의견을 건의했다. 부서장이 말했다.

"죽을 고비 넘겼으니 개발은 그만하고 운영(Maintenance)이나 가볍게 하라고 사람도 더 충원해 주겠다."라고 한다.

나도 IT 맛을 잊을 수가 없을 것 같다.

계속한다(Going Concern…).

# 오버(Over) 하지 마시오!

IT 개발 기술이 정점에 이르면서 MIS(Management Information System) 마지막 단계인 제조원가시스템까지 모두 개발되어 이른바 Total MIS가 완성되었다.

서점에 가서 경영분석에 관한 책을 몇 권 샀다.

계량경영분석학은 학부 경영학과 전공 시 학점을 이수한 적이 있었다.

회사의 재무관리 데이터베이스(Database(모든 데이터의 집합))가 내게 있으니 추이 분석, 안전성 정태분석, 동태분석 등 고급 분석을 하는 것은 모두 가능하다.

정태분석은 주로 B/S(Balance Sheet) 과목으로 기업의 고정장기적합률과 같은 안전성을 위한 분석이고,

동태분석은 P/L(Profit and Loss) 과목으로 수익성 회전율 등을 분석하는 것이다.

분석시스템을 모니터 화면 조회시스템으로 만들고 실무과장에게 자랑스럽게 보여주었다. 이것 써보라고, 물론 현업부서에서 해달라고 의뢰한 것이 아니고 자발적으로 만든 것이다.

담당과장이 한마디 했다.

"IT부서(경영정보부)에서 오버 하지 마시오!"

# 지능형 스트럭처드
# 프로그래밍 개발기법

진급 대상이 되었다.

올해부터 승진 대상자는 인사고과 외 논문을 제출해 통과해야 한단다.

경영개선에 대한 창조적 내용이 담겨야 한다는 것.

내게는 항상 쉽게 되는 것이 없다며 속으로 구시렁거렸다.

짜증도 잠시, 차라리 잘되었다는 긍정 반응이 일었다.

경영개선 할 것이 얼마나 많은가. 특히 정보통신 분야는 주제(主題)가 넘치고 널렸다.

IT 시스템 구축 시 생각했던 개발방법론을 논문 주제로 하고, 앞으로 개발 시 표준화를 하여 후배들에게 교육도 하고 부서의 일관성도 기해야겠다. 일본 연수 시 체계적인 시스템 구축 방법론도 응용해 보겠다고 마음먹었다. 일본에서 가지고 온 자료도 많이 있으니 걱정 없다.

주제명을 '지능형 스트럭처드 프로그래밍(Structured Programming) 개발기법'으로 정했다.

기업의 경영기법에는 패턴(Pattern)이 있다.

그 유형들을 모듈화하고 패턴들을 라이브러리(Library)화하여 컴퓨터 프로그래밍 시 누구든 가져다 쓰게 하는 것이다.

또 프로그램을 단순(Simple)화하여 체인(Chain)을 걸어서 단계별로 진행하게 하는 것이 핵심이다.

미국 NASA는 비밀 보안을 위하여 이 방법을 쓴다. 토털(Total) 시스템은 상위 몇 사람만 알고 나머지 사람들은 자동차의 부품 하나 정도의 프로그램만 나누어서 한다. 암튼 논문 구상이 일괄되게 머리에서 정리가 되고 결론까지 유도되었다. 불만이 즐거움으로 그리고 행복한 고민을 하게 되었다.

신바람 속에 논문을 완성했다.

논리적이고 인문학적 맛을 더하는 최종 점검은 직장 절친 홍보실 장○석과 의논하여 깔끔하게 완성하였다. 그도 나와 함께 진급 대상인데 아직 주제를 잡지 못했다고 했다. 대상자 대부분이 주제를 정하지도 못했을 때 나는 완료 단계다. 여유가 넘치고 몹시 흐뭇했다.

사실 나의 논문은 논리성이나 검증할 따름이지 사내(社內) 심사원이 심사할 수 없는 전문적인 것이다.

논문을 쓰면서 생각했다.

"IT 관련 사업을 하면 사업가가 될 수도 있지 않을까?"

"점차 일반인에게도 개인용 컴퓨터가 보급되지 않을까?"

나의 개인적 검색프로그램은 사내 정보와 나의 개인적 정보를 모두 알아낼 수 있었다. 멋진 화면은 아니지만 2바이트(byte) 한글로 모든 것을 디스플레이(Display) 해준다.

검색 엔진과 같은 기능이다.

순간 아내의 말이 떠올랐다. 월급쟁이 OK, 사업가는 NO.

여교사들의 남편들이 아내 믿고 사업하다 실패사례를 너무 많이 본 까닭이다.

사업은 아무나 하는 것 아닌 것 같다.

## 옛 동료의 회사 복귀

입사 동기였던 친구가 수원사업장에서 퇴사하여 생활이 어렵다는 소식을 들었다.

그는 나보다 일도 잘하고 성실한 사원이었다.

퇴사 사유를 알아보니 SK에서 투자한 선경 머린이라는 자회사(子會社) 부장으로 이직했다가 회사가 파산하였다는 것이다.

내가 울산공장으로 전출하여 한동안 연락이 끊긴 상태에서 그런 일이 있었다는 것이다.

어찌 됐든 그 친구가 복귀할 방법이 없을까 고민하다가 방법 하나를 찾았다.

그를 자회사로 보냈던 김기용 업무부장이 SK건설 건설부문장 전무로 근무한다는 것을 알았다.

충무로 극동빌딩에서 인사동 SK건설 빌딩은 가깝다.

시간이 날 때마다 찾아가 몇 번을 졸라댔다.

김 전무님이 결국 나의 부탁을 들어주었다.

친구는 SK건설에 복귀하여 경기도 이천 중장비 관리소에서 일하게 되었다. 참 잘되었다. 내 마음이 왜 이리 뿌듯할까? 역시 도움을 주는 것은 자기 행복이다.

기업은 냉철하다고 하지만 성실하게 일 잘하면 퇴직 후 복귀도 가능한 것이다. 그의 복이다.

## 맞벌이 자녀의 비애

초등학교 3학년인 큰딸이 친구 은영이네 집에 다녀와서 한 말이다.

"은영이는 아프면 병원에 가지 계속 아프다고 투정을 부리는 것이 이상해."라고 말했다. 그 집이 정상인데….

우리 애들은 평소 어디가 아프다 싶으면 부모가 없어도 알아서 병원에 간다.

편지꽂이 주머니에 의료보험카드와 약간의 돈이 상시 들어있다.

아프다고 엄마에게 병원에 데려가 달라고 한 적이 없다.

엄마가 만능인 줄은 알지만 의사는 아니라는 것을 잘 안다.

맞벌이 자녀의 비애(悲哀)인가?

홀로서기가 빠른 것인가?

## 분임조 발표

공장사업장에서 품질관리(Quality Control) 운동이 활발하다.

분임조가 단위별로 구성되어 품질향상을 위한 활동을 한다.

분임조에서는 아이디어(Idea)를 공유하고 생산 공정도 개선하여 원가절감을 기한다.

사명감도 높고 원가절감 효과에 따라 상금도 푸짐하게 지급된다.

우리나라 제조업에서 큰 효과를 거둔 것도 사실이다.

무엇보다도 종업원들이 자기 일 영역에서 개선하고 원가절감을 하려는 주인의식을 가지게 한 것이 긍정적이다.

이 제도는 미국에서 고안되었지만, 일본과 한국에서 꽃을 피웠다.

전사 발표 대회를 본사 서울에서 하게 되었다.

본사에서도 분임조 한 팀을 만들어 발표 대회에 나가야 한단다.

컴퓨터실이 별도로 있는 전산실은 어떻게 보면 기계와 공정이 성립한다.

발표가 가능하다는 생각이 문득 났다. 자발적으로 내가 해보겠다고 했다.

분임조 활동은 대개 기능직이 주축이다. (기사 이하 직급)공장 사업장에 근무한 적이 있는 나는 TQC(Total Quality Control)에 대해서 너무 잘 안다.

하지만 그 당시도 관리부서는 참여하지 않았다.

나는 과장급으로 직접 발표를 했다.

고위 직급이 분임조 발표는 창사 이래. 처음이다.

김○웅 생산부문장님이 벌떡 기립하여 큰 박수를 보냈다.

"이후 공장 Q.C 운동이 간부사원으로 활성화될 것"이라 했다.

## 우편번호 100번 극동빌딩

　연도가 끝나고 결산 때는 현업과 더불어 우리 IT 부서도 바쁘다.

　혹여 시스템 장애라도 있을까 휴일에도 대기한다.

　짬을 내어 근처 극장에 영화를 보러 갔다.

　충무로 3가 극동빌딩 옆에는 유명한 대한극장이 있다.

　대한민국에서는 제일 큰 극장이다. 화면도 제일 크고 천정도 제일 높다.

　아마도 좌석 수도 제일 많을 거다. 영화는 이런 데서 봐야 현장감과 박진감이 넘친다.

　〈쉰들러 리스트〉를 보았다. 한 사람의 선행이 저리도 많은 사람을 살릴 수도 있구나. 저런 소수의 사람 때문에 세상은 정말 살 만하다. 참 좋은 영화를 보았다. 어언 극동빌딩에 출근한 지도 십여 년이 넘었다. 그러면서 부서원도 열두 명에서 예순여 명이나 된다.

　물론 타 업계도 IT가 활성화되기 시작하였다.

　이제는 컴퓨터 없으면 일을 할 수 없는 기본 부서가 되었다.

　그동안 서러움도 많이 겪은 부서이기도 하다.

　우편번호 100번 극동빌딩! 내가 제일 오래 머무른 정든 동네가 되었다.

# 구성원의 온라인(On-Line)화

기업에서 IT 필요성이 본격적으로 시작되었다.

IT(Information Technology)는 전문집단만 하는 것이 아니라 각 부서를 On-Line화하고 Monitor와 PC(Personal Computer)를 보급했다.

실무자와 과장급까지 교육을 확대했다.

한국에 보급되는 대표적인 PC는 "IBM 5550"이라는 16Bit PC다.

값도 비싸서 고급승용차인 현대자동차의 스텔라(Stella) 값과 맞먹는다.

스프레드시트 TOOL은 HWP, MP(Multi-Plan)이라는 것이다.

Matrix 좌우 연산이(데이터) 가능하고 품의서, 보고서도 작성할 수 있다.

글씨체가 취약하거나 주판, 계산기 두드리는 실력이 부족한 사원에게 큰 낭보가 아닐 수 없다. "한자(漢字)" 한 단어 틀려서 보고서를 다시 작성해야 하는 번거로움도 이제는 사라질 것이다.

주로 수기에 의존하던 패턴에서 대변신이 시작된 것이다.

# 회장님의 리드, 헬프, 체크
(Lead, Help, Check)

IT가 점점 경영의 도구(Tool)로 자리매김하면서 그룹 회장실에 보고하라는 지시(Order)가 왔다.

최종현 회장님은 현재의 현황과 계획에 대하여 보고를 받고, SKMS가 중요하게 여기는 용어를 정리하려는 것이 또 한편의 목적이다.

부서장만 오지 말고 중간계층 실무자도 함께 참석하라 했다.

실무자로 나도 그룹 회장실에 갔다.

회장님과 점심을 양곰탕(아주 맛있음)으로 함께하며 일상에 대한 담소도 격의 없이 나누었다. 그날 일반적인 관심사, 신문기사도 언급하며 우리의 의견도 물어보았다. 같은 사안이라도 젊은이들은 어찌 생각하는지 슬쩍 떠보는 것도 같았다. 셔츠 차림에 무척 소탈하시다.

식사 후 프레젠테이션이 가능한 소회의실로 자리를 옮겼다.

현황과 향후 계획의 보고를 마친 후 "IT(Information Technology)는 무엇인가?" 하며 운을 띄우셨다.

SK에서 인식하는 정의를 내리라고 했는데 여러 가지 의견이 나왔다.

회장이 정의를 선택했다.

IT는 "영어와 같은 하나의 언어(Language)이다.

언어이면서 시간과 공간을 초월(時空超越)하는 의사소통

(Communication)의 수단(Tool)이다."라고 정의를 내렸다.

즉 부서의 성격은 CACOMS(Computer Aided COMmunication System)이라는 것이다.

몇 주 후 점검 차 예고 없이 SK인더스트리를 방문하셨다.

일전에 회장 브리핑 시 시스템 이행실적을 보고했는데 보고를 위한 보고자료인지 실제로 실무에 사용하고 있는지 점검 목적으로 오신 것이다.

회장님의 Lead, Help, Check 과정이다.

현업부서를 랜덤(Random)하게 지정하셨다. 그 부서에서 내가 오퍼레이팅(Operating)을 하여 직접 구현했다.

시산표, 일계장, 월계장, 어음기일장, B/S, P/L 죽죽 화면에 표시(Display)되었다.

"잘 사용하고 있군." 칭찬으로 한 말씀 하셨다.

우리보다 더 긴장한 분은 대표이사 이승동 사장님이시다.

점검 후 사장님 왈 "안 하는 것 하고 있다고 할까 봐…"라고 작은 소리로 읊조리고 어깨에 힘이 빡빡하게 들어가셨다.

점검 순시 후 회장님께서 지시하였다. "재무회계 부서는 익월 1일 월차손익을 사장에게 보고하여야 한다."라고 하셨다.

우리는 업계 최초로 월차손익 익월 1일 시스템을 구축 완료하였다.

나는 그룹 경영기획실에서 주는 경영개선혁신상을 받았다.

## SK그룹 최종현 회장 IT 활용 순시

좌측에서 세 번째 최종현 회장.
우측에서 두 번째 손길승 경영기획실장(사장: 훗날 SK그룹 3대 회장)

## 최종현 회장 IT 활용 Leading 순시

좌측에서 첫 번째 최윤원 부회장
좌측에서 두 번째 이승동 SK케미칼 사장
좌측에서 다섯 번째 필자

## 표정이 밝지 않은 것은 고민할 과제

우리 부서 경영정보부가 소속된 재무 본부에 새로운 자금부장이 왔다.

그를 보고 깜짝 놀랐다. 창업자 최종건 회장과 너무 닮았다.

창립자 초대 회장의 삼남이라고 한다.

일 년 후에 직속본부 임원인 재무관리 본부장이 되었다.

우리 부서 과장급 이상과 상견례 겸 부서 소개 시간이 있었다.

서울대학교 심리학과 전공인데 기업인보다 학자 유형에 가까운 것 같다.

그는 "구성원들이 웃음이 없는 것 같다."라고 말했다.

행복해야 할 구성원들이 "표정이 밝지 않은 것은 고민할 과제"라고도 했다.

우리 부서는 전문 분야니까 알아서 잘해달라고 당부했다.

그는 직원들을 진정 사랑하는 사람 같다.

## '동사섭(同事攝)'과 인연을 맺다

최창원 본부장으로 인하여 내 삶의 전환점을 맞았다.

본부장이 호출하여 가보니 '마음 나누기, 마음 다루기' 과정 일주일 교육을 갔다 오라고 했다.

나는 나름 살아가는 철학도 있고 산전수전(山戰水戰) 다 겪은 웬만한 정신교육으로 꿈쩍도 안 할 것이고, 가봐야 별 효과도 없을 것이라고 내심 생각했다.

요즘 개발하는 것도 많지 않고 상사가 가라고 하니 가서 푹 쉬다 올 심산으로 충남에 있는 삼동원 교육장으로 갔다(SK연수원과 전혀 관련이 없는 곳이다).

2일 차까지는 별 감흥이 없었고 졸며 미온적으로 임했다.

3일 차부터 정신이 번쩍 들며 심적 변화와 가슴이 뛰었다.

돌아와서 아내에게 참회의 삼배를 정성껏 올렸다.

아내가 "이 양반이 갑자기 실성했나?" 하며 눈이 동그래져 쳐다봤다.

그동안 아내에게 알게 모르게 독선적(獨善的)이었다.

그걸 모르고 여태 살았다. 세상에서 제일 소중한 사람인데 말이다.

## 마음공부에 매료되다

　동사섭은 용타 스님과 대화 스님이 주도하고 도인 다섯 명이 돕는다.
　불교 모임이라 생각하겠지만 아니다. 이 모임에는 기독교인도 많이 온다.
　신부님도 목사님도 스님도 오신다.
　교육비는 40만 원 정도 한다. 얻어가는 것은 4천만 원도 넘을 것 같다.
　생각해 보니 보통 모임이 아니다. 40만 원이라는 비싼 교육비에 누가 일 년에 일주일뿐인 휴가를 혼자 여기 와서 지내겠는가!
　혼자 잘난 척한 게 부끄럽고 부끄러웠다.
　교육받는 예순여 명 교육생 중 내가 대기업 다니는 제일 똑똑한(?) 사람인 줄 알았다. 유명한 목사님도 법관도 있었다. 끝날 때쯤 알았다.
　그 이후 사비를 들여서 중급·고급 모두 이수했다.
　나중에는 회사 신입사원들이 수련하는 시간에 '돕는 이'로도 참석했다.
　한참 후 아내도 보냈다. 내 주변에 힘들어하는 지인과 친구도 추천하여 참여하게 하였다. 교육비가 부담되어 머뭇거리는 사람에게는 금전적 지원도 하였다. 모두 감사하고 행복의 길로 들어선 것 같다.

어느 날 우연한 기회에(직장 내 부회장 부친 장례식장 문상 시) 최창원 본부장과 우연히 합석했다. 만난 자리에서 아내가 말했다. "본부장님 덕분에 우리 가족이 정말 행복해졌어요."라고 말했다.

그 이전에는 막무가내 보수적인 가장이었다.

지금은 가장이란 없다. 다섯 식구 모두 평등하다.

단지 역할만 있을 뿐이다.

## 동사섭의 5대 원리

동사섭(同事攝) 마음 나누기 다루기에서 궁극적 목적을 행복에 두고 있다.

"행복하라! 행복해야 한다."라고 외쳐대지만, 말로만 해서 행복하겠는가? 원리와 방편으로 무장해야 한다. 공부해야 하는 것이다.

동사섭은 지향점 다섯 개의 항목으로 접근하여 이루게 한다.

첫째는 정체성(正體性)을 확실하고, 확고하게 다져야 한다.

부정적 자아관(自我觀)을 없애고 긍정적 자아관을 확립해야 한다.

자기 나름의 정체성이 없으면 세파에 흔들려 갈피를 못 잡을 것이다.

조금만 잃어도 노여워하고 조금만 힘들어도 포기하고, 돛대 없는 배가 풍랑을 만나는 형세가 될 것이다.

둘째는 대원(大願)이다.

궁극적 목적인 행복으로 가려면 대원이 커야 한다.

세상은 함께 살아가는 것이다. 혼자만 행복하다고 만족할 수 있는가?

내가 억만금을 가지고 행복하다고 해봤자 가족이나 주변에 불행한 사람이 있으면 행복하겠는가? 자기 에너지가 가족의 불행한 사람에게 모두 빠져나갈 것이다. 자기 혼자 행복할 수는 없다. 불가능하다. 혹시 수도자라면 몰라도 말이다. 대원은

"우리 모두 함께"라는 의미가 있다.

대원이 커지면 우리 가족이나 남의 가족이나 똑같이 소중하게 다가오는 것이다. 점점 더 커지면 우리 조직 남의 조직, 국가의 벽도 없어진다.

셋째는 수심(修心)이다.

첫째와 둘째를 이루려면 마음공부를 하지 않고 가능하겠는가? 끊임없이 마음공부를 해야 한다.

이는 명상을 통해서 하면 더 효과적이다.

흔히 우리가 알고 있는 지족명상, 자기를 죽이는 무아 명상, 오늘 세상을 하직한다는 개념으로 독배 명상 등으로 수심을 깊게 해야 한다.

넷째는 화합(和合)이다.

화합하기 위해서는 폭넓은 교류가 필요하다.

많이 베풀고, 만사에 감사하고, 잘못한 거 사과해야 한다. 그리고 사람들은 자기가 잘못인지 모르고 은연중에 남에게 폐를 끼칠 수도 있다. 이럴 때는 자자청(自恣請)을 하기도 해야 한다.

네 번째는 관용(寬容)해야 한다. 이를 "교류 4칙"이라고 한다.

화합을 잘하기 위해서는 "내가 남에게 보여지는 모습을 책임져야 한다." 또한 "남을 보는 눈도 긍정적으로 책임져야 한다."

마지막 다섯째는 작선(作善)이다.

게으르지 말고 무언가 열심히 일해야 한다.

작선은 자기가 맞은 소임과 비소임으로 구분한다.

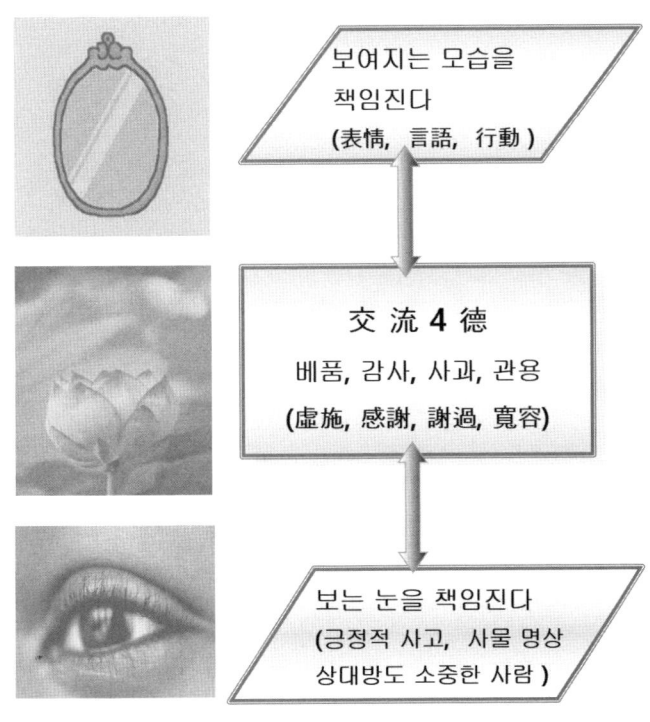

화합의 원리

## 구조조정(構造調整)

　회사 모든 TFT(Task Force Team)의 팀원 인원에 감초가 되었다.
　사업부 구조조정 TFT거나, 혁신 TFT, Anti-Dumping 제소에 대한 방어 TFT 등에는 무조건 Join 된다. IT는 전략적 변수예측(Simulation)에 필수이다.
　모든 수치 정보의 데이터, 분석 자료의 빠른 응답을 주니 의사결정에 있어서 없어서는 안 되는 기능이다.
　어떠한 판단 조건을 주면 유불리가 금방 튀어나온다.
　세계적으로, 또는 국가적으로 환경이 급변하게 되면 국가보다 기업이 훨씬 빠르고 민감하게 체감한다.
　그래서 한발 빨리 대처해야 하므로 구조조정도 서둘러 단행한다.
　때에 따라서 인원도 많이 정리해야 한다.
　이럴 때는 구성원도 긴장하고 최고 경영자도 고뇌에 잠을 못 잘 것이다.
　가족 같은 식구를 내보내야 하는 게 쉽겠는가!
　엄청난 식구들이 회사를 떠났다.
　명예 퇴직금은 어떤 타 회사보다도 많이 주었다. 오 년 연봉치를 주었다.
　대규모 조직은 빠르게 순환구조를 가져야 한다. 그렇지 않으면 공사(共死)한다는 것을 알지만 그래도 참으로 슬픈 일이다.

# SK그룹 경영 도구
## "SKMS(SK Management System)"

대기업 중에는 사규 외에 경영기법과 고유문화가 정립(Define)되어 있지 않은 곳은 없다.

삼성, 현대, LG 등 모두 잘되어 있다.

SK는 내가 몸담은 곳이라 그런 것이 아니라 정말 우수한 문화를 가지고 있다.

타 그룹의 경영이념, 원리 등도 여러 경로(Channel)를 통해 구(求)해 상세히 보았다.

LG는 고객 만족에, 삼성은 철저한 과학적 통제관리에 근간한다면 그에 비해 SK는 훨씬 자율적이다.

최선의 효율을 기하는 기법들이 SKMS라는 지침에 녹아 있기 때문이다.

경영 기본이념에 기업관, 추구가치, 일하는 원칙이 쉽고 명확하게 되어 있다.

경영실행원리에는 Super Excellent라는 최고목표와 실행전략, 구성원과 리더의 역할, 구성원의 협조, 환경조성이 구체화되어 누구라도 이해하기 용이하다.

관리요소에는 크게 정적요소(靜的要素)와 동적요소(動的要素)로 나누는데 동적요소가 압권이다.

동적요소는 의욕 최대화, 일을 처리할 수 있는 역량 배양, Coordination, Communication, SK-Manship 즉 가치(SK

Values)에 대한 신념을 정의한다.

1970년대 장학퀴즈에서 (MBC에서 고교생을 대상으로) 방송되어 학생들의 입에 오르내렸었던 유명한 문구(文句)
- 행동은 진취적으로
- 사고는 적극적으로
- 일 처리는 빈틈없고 야무지게 처리해서 다른 사람이 두 번 다시 손댈 필요가 없게 하는 어원(語原)도 여기에 해당된다.

Self-Leadership에는
- 자기관리를 철저히 하는 것으로 가정관리, 건강관리가 필수며
- 상하 동료는 물론 주변 사람, 협력사까지도 신뢰와 존중에 기반을 두어 행복을 창출하고 나누는 것이다.

두루뭉술한 것 같지만 하부 지침을 보면 놀랄 만큼 구체적이다.

## 자카르타 현지법인

당사는 탈 섬유 정책에 따라 섬유 부문이 분사되었다.

국내에선 SK인더스트리의 섬유사업부(纖維事業部)와 ㈜삼양사 섬유 부문이 ㈜Huvis라는 별도 회사로 재설립되었다. 1960년대부터 한국경제를 이끌었던 섬유산업이었다.

개도국(開發途上國)으로 기술이전도 하였다.

인도네시아 자카르타 근교에 댕그랑이란 곳에 공장을 세웠다.

한국의 전성기 때 규모의 큰 폴리에스터(Polyester) 공장이다.

그 나라 고용창출에 크게 이바지할 것이다.

현지 직원이 삼천 명 정도 고용 예정이라 한다.

한국에서 파견되는 운영 인원은 쉰여 명 안팎이 될 거란다.

준공 즈음 나도 현장을 방문하였다.

기술자와 모범사원 자격으로 부부동반 방문이다.

우리 국력이 이리 커졌구나. 내심 뿌듯했다. 60년대 선진국에서 기술이전 받았던 것을 이제 우리가 주는 것이다.

섬유 특성상 인건비 비중이 15%를 넘으면 수익을 유지(Merit)하기가 어렵다고 한다. 우리가 기술이전 받았을 때는 인건비가 제조원가의 7% 선이었다.

지금은 20% 선이 넘는다.

현지 방문을 마치고 인도네시아(Indonesia)의 축소 마을 따마미니도 관광하고 지상낙원이라 불리는 발리섬도 갔다.

은행원이 아닌 SK인(人)을 선택한 것은 잘한 것 같다.

## 아빠의 존재감

초등학교 2학년인 작은딸이 "우리 집 가장은 아빠가 아니고 엄마 같다."라고 했다.

아빠는 아침 일찍 나가고 저녁 늦게 들어오니 존재감이 없었다.

게다가 휴일도 출근할 때가 많으니 더욱 그렇다.

내가 다섯 살 때 기억을 생생하게 하는 것을 보면 자녀들에게 좀 더 신경을 써야겠다고 생각되었다.

자라면서 기쁨과 서운한 것 모두 기억될 것이다.

하지만 아빠도 나름 최선을 다해 살고 있다는 것, 훗날이라도 알아주길 바란다.

그것을 언젠가 알아줄까?

나는 마음으로만 써본다.


작은딸, 함께 많이 놀아주지 못해도 아빠가 직장을 잘 유지하는 것이 너에게 그리고 가족에게 큰 사랑이 될 수도 있단다.

아빠의 사회적 위상도 중요한 것이란다. 너의 조부께서 한때 실직하여 가족이 혹독한 시련을 겪은 것을 잊을 수가 없구나!

아빠는 참담하게 겪었던 어려웠던 전초를 절대 밟지 않겠다.

아빠가 뒤처지면 가족의 평화와 안정도 떨어질지 모르니까….

그러면 엄마가 더 힘들어질 거야. 미안해 작은따님!

아빠가 없는 가족사진들 앞에는 아빠가 카메라를 들고 늘 서 있었다는 것을 항상 기억해 주렴.

# 지구의 축제 서울 올림픽

1988년 올림픽이 우리나라에서 개최되었다.

국민은 환호하였다. 동서의 갈등으로 반쪽짜리 행사로 이어 오다가 우리나라가 개최하는 서울 올림픽은 모든 국가가 참석하여 세계적인 축제가 되었다.

나는 다시 오지 못할 기회가 될지도 모른다고 생각하고 가족들과 개막식에 참석하였다. 기획과 각본이 탁월하다. 어린 소년이 굴렁쇠를 굴리고 나오는 모습 등 어찌 저런 아이디어(Idea)를 도출하고 한국적으로 표현할 수 있는지 감탄할 따름이다. 감격과 흥분감은 TV로 보는 것과 비교가 되지 않는다.

군중의 함성, 일체감으로 하나 된다는 것이 이런 느낌일 거다.

흥분과 감회 국민의 자존심이 극대화되는 순간이다.

그래서 야구 열광적 팬들은 지방이라는 거리를 마다하고 옮겨 다니며 운동장에 가는 것일 것이다.

스포츠를 좋아하는 나는 관람 표가 좀 구하기 쉬운 육상과 내가 취미로 즐기는 테니스를 휴일과 휴가를 이용하여 관람하였다.

화면으로만 보았던 인기선수(Star Player)를 직접 보는 행운을 만끽하였다.

육상은 박진감 넘치고, 높이뛰기는 인간의 아름다움의 극치다.

내가 사는 아파트 단지에도 테니스 코트가 잘 되어 있어 주말과 야간에 즐긴다. 취미를 공유하는 사람들은 또 다른 친숙

한 친구가 된다.
 스포츠 세계는 신비롭고 가슴 뛰게 하며, 도전을 멈추지 않게 하는 열정의 총체적 멋과 예술이다.
 순위에 들지 못하는 선수에게도 아낌없는 박수를 보낸다.

# 마이카 시대

올림픽 직후.

국민의 자신감은 더욱 활성화되고 멀리만 생각되었던 자가용(My Car) 시대도 다가왔다.

나도 차를 샀다. 현대자동차 소형차 액셀이다.

차를 인계받아 아파트 주차장에 세워놨다.

운전면허는 오래전에 울산사업장 근무 시절 땄지만 장롱면허다.

아파트에서 차를 내려다봤다. 눈에 이슬이 맺혔다.

집을 샀을 때보다 더 감격이다.

내가 차를 소유하다니 상상도 못 했던 일이 현실로 다가왔다.

어릴 적 서울 사시는 작은아버지 가족이 명절 때 내려오면 나도 저렇게 자가용 소유하며 살 수 있을까? 꿈꾸던 소망이 이루어진 것이다. 생각보다 빠르게….

우리 부서에서도 내가 두 번째 자가운전자가 되었다.

서울 중심 차도도 그다지 넓지 않았고 차도 많지 않았다.

셋째 출산을 앞두고 있다. 이제 명절 고향 방문 시 만원 버스에 시달리지 않아도 되겠다. 둘만 낳아 잘 살자는 사회 분위기인데 셋이 된다.

차 덕에 아내에게 조금 덜 미안하게 되었다.

이제야 가정이 좀 안정되고 모양을 갖춘 것 같다.

# 부조화 속의 조화(造化) I

절친 병선네 가족이랑 휴가를 갔다.

속초에 있는 낙산해수욕장이다.

병선이는 나와 성격이 비슷하고 마음이 맞는 고향 친구다. 우연히도 강동구에 있는 아파트 지척에 살게 되었다. 가족 수도 짝이 딱 맞는다.

첫째는 동급생이고 막내아들들은 그 집 아들 나이가 훨씬 많다. 동생처럼 귀여워해 주며 잘 데리고 논다.

코드가 맞아서 두 가족이 함께하는 기회가 많다.

이번에도 강원도 속초에 있는 콘도를 빌려서 2박 3일 휴가 일정이다.

양쪽 마님들이 알뜰한 마님들이라서 지출도 규모 있게 한다.

산 오징어 20마리 한 상자 1만 5천 원 주고 사면 휴가 내내 즐긴다.

오징어는 싸면서도 큼직하고 실하다.

회로 먹고 찌개도 하고 비 오는 날이면 빈대떡도 한다.

친구와 아내는 술 실력이 비슷하다.

그 집 아내와 나는 거의 못하는 편이다.

불균형(Unbalance) 같아도 부조화 속에 조화를 이룬다.

## 극동빌딩 지하 아케이드

충무로 3가 극동빌딩 지하 1층에는 내가 좋아하는 식당과 찻집이 있다.

하나는 '희준'이라는 레스토랑인데 스테이크가 아주 맛있다. '하숙생'이라는 노래를 불러 유명해진 원로 가수 최희준 선생이 직접 운영하는 식당이다. 인사를 하면 "우리가 전에 만났었나요?"라고 묻는다. "그냥 팬입니다."라고 말하면 무척 좋아하였다. 그 옆에는 '선수(仙水)'라는 한방 전통 찻집이 있다. 주인이 직접 우려낸 우리나라 고유의 차가 일품이다. 실내도 궁중에서나 볼 수 있는 고풍스러운 가구로 채워졌다.

일에 지쳐 있을 때 직원들이랑 이곳에서 차를 즐긴다. 좀 비싸지만, 열심히 일한 당신이면, 아까울 것 없다.

어느 날 이 찻집에서 삼촌(그 옛날 잘 나가시던 작은아버지)을 우연히 만났다. 삼촌께서도 이 찻집을 자주 이용하신단다.

삼촌께서는 공직을 은퇴하신 후 양회협회로 이직을 하셨는데 쌍용 빌딩과 자동차보험 빌딩을 중심으로 생활 반경이라고 하신다.

여기서 베스트셀러 『더 시크릿(The Secret)』을 한 번 더 생각하게 된다.

초등학교 시절 작은아버지처럼 되고 싶다고, "큰 빌딩에서 넥타이 매고 당당하게 살고 싶다."라고 얼마나 갈구하였는가!

지금 그렇게 살고 있다. 소망과 비슷하게 접근하는 중이다.

## 술 취하면 보고 싶은 사람

밤늦은 새벽 2시경.

친구 병선에게서 전화가 왔다. 술이 많이 취하면 가끔 전화를 한다.

공무원인 그는 아마도 나보다는 업무 강도가 낮을 것인지도 모른다.

나는 짜증이 났지만 응대한다. 응 그려, 그랬어, 그렇구나….

비몽사몽 대충 응대하고 끊는다.

그리고 투덜댄다. 술 먹으면 곱게 자지… 잠 달아났잖아.

아내가 말한다.

"술 취해서 보고 싶은 사람, 목소리 듣고 싶은 사람이 진정한 친구래. 당신은 그런 친구 있어 복 받은 거야…."라고 한다.

어쩌면 술 잘 먹는 아내가 통이 더 크고 호통한 사내 배포인 것 같다.

배워서 실천해야겠다.

## 가장 큰 공포

여름휴가는 이제 계곡으로 가기로 했다.

작년 낙산해수욕장에서 큰 공포를 겪고 나서다. 작년 여름휴가는 생각만 해도 끔찍하다. 해수욕장에는 여느 해와 같이 친구 가족과 열 명이 함께했다.

휴가 시즌 최고조 기간이라 휴가를 즐기러 온 사람들로 인산인해이다. 그늘막을 펴고, 준비한 음식을 풀고 지평선을 바라보며 한가로운 시간을 보냈다.

친구 부부와 옛날이야기며 살아가는 소소한 정담의 말이 오갔다. 모래찜질도 하고 모래성도 쌓았다.

그런데 조금 전까지 물가에서 놀던 네 살짜리 아들이 시야에서 사라졌다.

일행은 비상이 걸려 아이를 찾기 시작하였다. 방송도 하고 구조 요원의 도움도 요청했다. 이리 뛰고 저리 뛰고 이름을 목청 높여 찾아 헤맸다. 시간이 1시간이 넘어도 찾지 못했다. 찾던 중 어떤 사람이 아이가 튜브를 타고 바다로 밀려가는 것을 보았다고 했다. 정신이 아찔하다. 그러고 보니 가지고 놀던 우리 튜브도 보이질 않는다. 하늘이 노랬고 손발이 벌벌 떨려 걸음도 못 걷겠다. 어찌하나, 어찌하나. 사고라도 당했으면 어떻게 살아간단 말인가? "하나님 살려주세요." 저절로 두 손이 모아진다. 이제는 근처만 찾을 것이 아니라 반경을 더 넓혀 인적이 없는 곳까지 뒤져보자고 각자가 나누어 임무를 수행했다.

나는 남쪽 해변을 반 실성한 사람처럼 뒤졌다. 아이만 보면 달려가 확인하였다. 이 먼 곳까지는 안 왔을 거야! 하며 돌아서는데 아들이다! 언뜻 보아도 분명 내 아들이다.

"재녕아아!" 아들은 나를 보자 달려와 얼굴을 내게 묻었다. 길을 잃고 공포에 싸여 많이 두려운 기색이다. 겁에 질린 얼굴에 애도 땀 범벅이다.

감사합니다. 감사합니다! 정말 감사합니다.
"이 순간부터 어떤 욕심도 부리지 않겠습니다."
마음속 깊이 다짐한다.
더 큰 걱정이 생기면 이전 걱정은 물거품처럼 작아진다.

## 화양계곡

　바다 해수욕장 아들 실종사건으로 하기휴가는 계곡이나 산장으로 방향을 바꾸었다. 아내의 친한 친구가 경북 문경에 산다고 한다. 그의 남편은 문경새재에서 좀 떨어진 농암농고 교사이다. 농암지역은 경관이 수려하고 근처에 아름다운 절경과 깨끗한 계곡이 사방에 있다. 그 집과 연배도 비슷하여 금방 친해졌다. 그들의 집은 단독 전원주택에 여유 방도 많아 하계휴가를 보내기엔 안성맞춤이다.

　금년도 여느 해처럼 그 집으로 갔다. 여장을 풀고 준비한 텐트와 먹을거리를 가지고 계곡에서 휴식을 취했다. 아이들도 바다와 또 다른 환경에 만족하는 것 같다. 계곡에는 숲도 있고 구들장 같은 넓은 바위도 있어 놀기도 좋다고 한다.

　나는 맨손으로 물고기를 잘 잡는다. 돌을 살살 들춰내고 큰 고기를 손으로 잡아 올리면 아이들이 환호성을 지른다. 아이들도 다슬기 잡느라 정신이 없다. 즉석에서 생수병으로 어항을 만들고 떡밥을 만들어 물에 담그고 시간이 지나면 어항 속에 민물고기들이 한가득이다. 아빠는 기술자라며 아이들이 좋아라 하면 어깨에 힘이 절로 들어간다.

　그렇다. 아이들이 더 클 때까지 시원한 계곡이 딱 맞다. 바다처럼 긴장하지 않아도 된다.

　오늘따라 날씨가 덥고 후덥지근하다. 아내는 오늘 여기서 야영하고 내일 들어가자고 한다. 오늘은 여기 텐트에서 잔다고 했더니 아이들은 환호성이다.

 저녁을 먹고 만반의 준비를 했다. 여차하면 차에 짐을 싣고 철수할 수 있도록 하고 계곡 중턱 경치 좋은 곳이 우리 집이 되었다. 계곡 건너편에는 그림 같은 소나무들이 절경을 이룬다. 텐트 밖에 구름과 달이 한참 어우러져 교차하고 있다. 신선의 모습을 하며 밤은 깊어갔다.

 얼마나 잤을까. 잠결에 누가 텐트를 탁탁 치는 것이 아닌가? 혹시 도둑? 강도? 아니면 산짐승? 두려운 생각이 든다. 촉각을 집중한다. 계속 두드린다. 더는 참지 못하고 밖을 살핀다. 이럴 수가, 계곡에 물이 불어 중간 터까지 차올랐다. 물이 차오르며 물이 텐트를 치는 것이다.

 기겁하여 아이들을 깨우고 철수를 해야 했다. "이래서 급류에 죽는 사람이 있구나…." 비가 직접 오지 않아도 계곡물은 넘칠 수가 있음을 새삼 경험할 수가 있었다. 계곡도 안전한 것이 아니구나! 가족 모두가 큰 변을 당할 뻔했다.

 만사에 조심조심.

# 라이프 사이클

인생길에는 개인이건 가족이건 라이프 사이클(Life Cycle)이 있나 보다.

내가 그리도 배를 굶어가며 고난의 삶을 살 때는 어느 한 곳 의지할 곳이 없었는데 내가 기반을 잡아가니 모든 것이 순조롭게 되어간다.

부친은 사과나무 농사를 대농으로 일구었다. 사과 과수원이 1천 그루가 넘는 농원이 되었다. 이십 년이 된 큰 나무들이 탐스럽게 열매를 맺는다. 고향에선 오백 그루만 넘어도 부자로 본다. 1천 그루가 넘으면 농기업이다. 자본 없이 이만큼 오기까지 노고가 어느 정도였을지 짐작이 간다.

이제는 일가친척 지인에게도 무시를 당하지 않아도 되겠구나. 감회가 새롭다.

한편 어머니는 충청북도를 대표하는 어머니회 회장이 되었다.

그 옛날 군 복무 시절 어머니회에서 우리 부대 위문방문을 한 적도 있었다.

누구라도 지금 당장 생활이 어렵다고 좌절하고 포기할 것이 아닌 듯싶다.

사과 과수원에서 큰딸과 함께

## 충무로 극동빌딩에서 삼성동으로

회사명이 바뀌는 것.

선경합섬에서 선경인더스트리 그리고 SK케미칼로 바뀌었다.

사명(社名)이 시대에 따라서 이름만 바뀌는 것이 아니고 문화와 주력 제품도 다 바뀐다.

오랫동안 돈을 버는(Cash Cow) 역할을 해왔던 섬유 부분을 분사시켰고, 이제 본격적인 화학 회사로 탈바꿈이다. 생명공학 부문이 추가되었다.

사명이 바뀌면서 충무로 시대에서 삼성동 코엑스(COEX) 근처로 자리를 잡았다.

이젠 단독사옥이라 자가(自家) 식당도 있고 건강관리를 위한 단전 심기신수련장(心氣身修鍊場)도 설치돼 누구라도 활용하게 되었다.

SK경영관리시스템(SKMS) 동적요소에 중요한 항목(Factor) 중의 하나인 자기관리 건강관리의 일환이다.

일찍 출근하는 사람을 위하여 조식도 제공한다. 물론 사무집기도 모두 바꾸어 새로운 각오와 환경으로 일하게 된다.

Business Change에 대하여 전 사원 단합대회도 하였다.

돼지 바비큐에 연예인도 동원되었다. 폭죽도 터뜨리고 전 구성원이 심기일전(心機一轉) 단합을 약속하였다.

내가 지금 이 자리에 있는 것이 자랑스러웠고 감동으로 다가왔다.

# 용돈

살다 보니 중산층이 된 것도 같다.
집안 모두 무고하고 경제적으로도 부족한 게 없다.
회사도 무난하게 안정과 성장을 지속하고 있다. 때 되면 성과보수 보너스도 넉넉히 나온다.
내가 소속된 직장이 잘 성장해 주어 고맙다. 감사하다. 자녀들 셋도 탁월하진 않지만 우수한 편이다.
부모가 별다른 조언을 하지 않아도 알아서 공부하고 진로도 자발적으로 해나간다. 아이들이 자발적으로 진로나 사안 선택을 하면 부모가 수긍하는 판단을 한다. 우리 부부는 자녀들에 대하여 자유롭게 해주는 편이다. 부모 욕심도 있지만, 아이들 의견을 존중해 준다. 아이들 생각은 다를지 모르지만 말이다.

내 힘들었던 유년시절을 생각하며 아이들에게 말한다.
"돈 필요하면 엄마 몰래 줄 테니 언제든 말해라!"
내가 못 했던 것. 여유 있게 쓰라고 주고 싶은 거다. 풍요롭게 해주고 싶은 아빠 마음이다. 그러나 단 한 번도 "아빠 나 용돈 좀 줘."라고 하는 자녀가 없다.
나는 대리만족이라도 하고 싶어서 주고 싶은 건데.

## 대리만족(代理滿足)

자녀를 통해 대리만족하려고 하는 것은 어떤 부분에서 매우 위험하다.

자녀는 부모의 분신이 아니다.

또 다른 객체이며 그 자신의 삶을 살아가게 해야 한다.

내가 어렵게 살았다고 너희들은 부모 기회를 이용하여 누려야 한다는 생각을 하는 순간 자녀들은 자신의 향로(向路)를 잃을 것이고 불행해질 확률이 높아진다.

그래서 재벌가에서는 재력이 엄청나지만, 지출에 대해선 엄격하다.

전문가의 조언을 받아 체계적으로 교육을 하는 것 같다. 용돈도 한정적이고 작은 일이라도 시켜서 그 대가의 금전만 준다.

선진국 재벌가들은 전 재산을 미리 사회에 환원하여 자녀들이 홀로서기 해야 한다는 것을 알게 한다. 그들은 그렇게 해야 사회도 돌아가고 그들의 자녀도 자기의 삶을 살게 되리라는 것을 안다.

그렇지 않으면 일반적인 빈, 부의 사이클(당대에 잘살면 자손이 방심하여 후대는 못산다)을 반복하여 겪을 가능성이 크다.

## 우리 삶에 골프는 무리지

　개인 사업으로 일찌감치 성공한 친구가 골프채를 샀다.
　골프가방, 아이언 세트, 드라이브, 우드 등 구색을 갖춰서 보스턴 백까지 풀세트다.
　나와 친한 친구인데 "너는 바쁘고 시간도 없으니 취미라도 공유해서
　주말이라도 가끔 봐야겠다."라는 것이다.
　"골프는 돈 많은 사람이 하는 것인데" 하면서도 워낙 스포츠를 좋아하는 나는 골프에 대한 흥미가 생겼다. 골프는 어떤 맛이려나?
　챙겨 들고 귀가하여 아내에게 신이 나서 자랑하였다. "이것 봐, 선물 받은 골프클럽 세트야…."
　아내는 얼굴을 찡그리며 못마땅해한다. "우리 환경(맞벌이)에 골프까지 하려고?"
　아니 된다는 것이다.
　직장도 매우 바빠서 늦게 퇴근하고 주말도 가끔 일하러 가는데 "아이들과는 언제 놀아주고 함께하겠다는 것이에요."
　아이들과 함께하는 것도 타이밍이 있다는 것이다.
　다 성장하면 함께 하자고 해도 안 한다는 것이다.
　당장 도로 가져다주라는 명령(?)이다. 맞는 말이다.
　알겠노라 하고 일단 창고 깊이 감추어 두었다.
　하긴 우리 삶에 골프는 무리지….

# IT 전문회사 설립, 관계사로 전출하다

대한민국이 국가 부도 위기에 처했다. IMF(International Monetary Fund) 구제금융도 요청하였다. 기업들도 구조조정을 단행하고 있다. 변화하지 않으면 도태되고 말 것이다.

우리 그룹 IT 담당자들에게도 큰 변화가 있다.

관계사별로 존립하여 있는 IT 부서를 별도 IT 회사로 헤쳐 모여서이다.

SK C&C라는(SK Communication and Computer LTD) 회사가 창립되는 것이다.

Information Technology의 경쟁력 제고와 외주사업의 매출 다각화를 위함이다.

구매경쟁력(Buy Gaining Power)과 인력효율(Synergy)도 높아 질 것이다.

이제 다시 신입사원이다. 기득권을 접는다.

이 회사에서 모든 관계사 IT를 책임지고 지원(Service)하는 사업이다.

여기서도 합류하는 사람과 그렇지 못하는 동료들이 있다.

우리나라 최대 위기인 국가 금융사태에 따라 기업들도 인수·합병(Mergers & Acquisitions)이 적극 진행 중이다.

부서에서 오랫동안 함께했던 정들었던 동료들과의 이별의 아픔도 따랐다.

## "술에 지면 모든 것에 지는 거야."

처가에 행사가 있어 모두 모였다.

처가 큰처남은 작은 중소기업의 공장장, 둘째 처남은 고위직 공무원이다.

둘째 처남의 별칭이 당산관(堂上官)이다. 조선 시대 품계를 따지면 본인이 당산관이라 해서 붙여진 이름이다. 이 부부는 환상의 커플이다. 두 분이 모두 공무원인데 굉장한 주사파이다. 술 실력이 대단하다는 말이다. 나의 처는 애주가다. 나는 술자리는 좋아하지만 얼마 못 버틴다. 처가(妻家)에서는 더 그렇다.

옛날에 할아버지가 면장을 하실 때 삼촌들에게 하는 말이 기억난다.

"우리는 허균, 허난설헌의 부친이신 초당 허엽의 직계 자손이다."와 "술에 지면 모든 것에 지는 거야(술좌석에서 흐트러지지 말라는 뜻)."라고 하셨다. 하지만 이것만큼은 노력으로 되지 않는 것 같다. 이날도 술자리가 화기애애하다.

아내도 친정에 가서는 맘 놓고 술을 마신다.

골프 이야기가 나오자 아내는 "이이가 골프를 친다고 해서 골프채를 당장 가져다주라고 했다."라고 자랑스럽게 말했다.

아내는 둘째 오빠에게 혼쭐이 났다.

남자들 하는 일에 기를 꺾지 말라는 것이다.

"집에서 그리 배웠느냐고"도 했다.

골프가 사치성 스포츠이긴 하지만 대기업 간부사원이라면 이 시대에 갖추어야 할 것 중 한 가지라고 했다.

속이 다 뻥 뚫리는 말씀이다. "처남들은 생각의 폭이 고루하지 않구먼." 아내는 내게 살짝 말한다. "앞으로 둘째 처남을 좋아하게 될 것 같아요." 아닌 게 아니라 둘째 처남이랑은 나와 제일 잘 통한다.

창고 깊이 숨겼던 골프클럽을 당당하게 꺼냈다.

돌려주지 않기를 잘했다.

# 내가 부러워하는 친구

친구들과 골프 라운딩을 갔다.

그중 한 친구는 내가 아주 많이 부러워하는 친구다.

나는 내가 별 자랑할 만한 것이 없어도 누구를 부러워하지는 않는다.

가진 만큼 지족하며 살기 때문이다. 그런데 권오곤. 이 친구는 좀 다르다.

어린 시절 초·중학교 방학 때만 친구였다.

서울에서 학교에 다니고 방학이면 내내 우리 마을에 있는 외갓집에 와서 지낸다.

그의 외할아버지와 나의 조부께서는 친한 친구이시다.

면장도, 의원도 번갈아 가며 두 분이 독식했다.

우리 집안보다도 훨씬 명망도 높고 재산도 어마어마하였다.

오곤 친구 외할아버지의 친동생분은 건국 초기 명망 있는 국회의원 이희승 의원이셨다.

권오곤 친구가 동생을 데리고 내려오면 큰 논에 물을 넣고 썰매장도 새로 만들었다. 동내 꼬마들은 덩달아 신이 났었다. 개천 얼음보다 안전하고 빙질(氷質)이 좋기 때문이다.

방학 동안 우리는 그 친구들과 어울려서 놀았다.

그 후 그는 경기고, 서울대학교 법대를 나오고 사법고시도 수석으로 합격했다. 지금은 부장판사가 되었다.

집안도 좋고, 머리도 좋고, 잘생기고, 성격도 무척 좋으니 부럽지 않을 수 없다.

라운딩 초보인 나와는 비교도 될 수 없을 정도로 골프 실력이 대단하다.

나에게 친절하게 수준에 맞는 교습(One Point)도 해주었다.

이제는 그 옛날 바라만 보던 친구에서 조금 더 가까워졌다.

사돈 인척간이 되어 사돈 간이다.

그는 나의 둘째 매제와 외삼촌 조카 관계이다(그는 후에 국제형사재판소 부소장을 지낸다).

방학이면 함께 내려왔던 동생 오정이는 삼성병원 원장이 되었다. 오정이 빙모는 유명한 박완서 작가다.

동갑내기 오곤 친구는 한국의 위상을 높인 멋진 친구며 인척이다.

골프 라운딩을 하며 서로의 근황을 확인한다.

# 관리역량의 확대

나는 새로운 관계사 SK C&C 소속이며 Service Managing(실장급) 이다.

SK케미칼의 IT 관련 모든 것을 총괄하는 담당자가 되었다.

SK제약, ㈜Huvis까지 함께 맡았다.

서비스 제공 부서인 Service Offering, Data Center, Network Center 장, 고객지원 (ISAC) 부서의 도움을 받아 일을 총괄 처리한다.

이들 부서장에게 지시(Order)를 내려 Software와 Hardware 전반을 책임지는 것이다. 회사를 대표해서 연간 계약도 나의 업무다.

고객사의 모든 Offering 관리, Request 관리, Service Level Up Issue 관리, Customer Planning 관리, 고객 만족도 제고(提高) 관리, 계약(Contract)체결 관리 등이 나의 역할이다. 관리역량이 상당히 커지고 책임도 막중해졌다.

SK케미칼, SK제약, ㈜Huvis 세 회사를 총괄하는 창구 역할이 시작되었다.

이 관리기법은 캐나다 최고 통신회사인 Telus 社의 관리 방법을 벤치마킹(Bench Marking)하여 시행하는 것이다.

# 나의 주요 mission

1. Daily problem & request review
2. Billing management
3. Change management
4. Contract management
5. Problem management
6. Issue management
7. Sales opportunity
8. Service offering management
9. Service request management
10. Monthly review report
11. Service level management
12. Customer planning management
13. Customer satisfaction management

## 조상님! 감사합니다!

그룹 내 관계사 전출로 집안 경제 사정이 확 피었다.

퇴직금 정산으로 거금을 받았기 때문이다.

집 살 때 받은 빚 융자금, 상호부금 크고 작은 몇 가지 채무가 모두 상환되었다. 여유자금도 생겼다.

이제 남편으로서 아버지로서 좀 위신이 설라나?

분당신도시 넓은 집으로 생활터전도 옮겼다.

에버랜드 가족 연간 회원권도 샀다.

주말이면 근거리에 있는 그곳으로 간다. 아이들과 맛있는 음식도 먹고, 놀이기구들도 타면서 잘 정리해 놓은 화원의 꽃들과 여유를 즐긴다.

삶의 질이 크게 상향되었다. 무엇이 더 부러우랴!

# Y2K 문제(Millennium Problem)

1998년.

정보통신 분야에 새로운 Issue가 떠올랐다. Y2K 문제다.

이는 용량에 한계가 있었던 컴퓨터에 연도 네 자리를 쓰지 않고 두 자리만 쓰다 보니 2000년도를 표기하면 "00"이 되면서 문제가 되는 것이다.

이른바 밀레니엄 문제(IT Millennium Problem)의 사건(Issue)이다.

컴퓨터(Computer Main) 기능이 상실(Down)되고, 전자장치의 비행기가 떨어질 수도 있으며, 자동화 전자 설비의 문제로 공장이 멈출 수도 있다는 것. 미국 판 컨설팅(IT Consulting) 회사들이 문제를 제기(Issue)한 것이다.

과잉대응 같다.

SK그룹 차원에서 문제 해결 태스크포스팀(TFT)이 그룹구조조정본부에 신설되었다.

코딩(COBOL Program)에 경륜이 많은 나도 참여하였다.

내가 맡은 고객사 지원 외에 업무가 추가된 것이다.

이제 시작에 불과하다는 느낌이 든다.

## 직책에 욕심내지 말 것

　대기업에서 상하 관계란 어떤 것인가.
　상하는 많이 약화하였고 역할이 있을 뿐이다.
　내가 입사 당시에는 모든 게 서열화됐었고 위계질서도 대단하였다.
　과장만(관리직) 되어도 과원들의 결재를 확인하는 도장만 찍었다.
　지금은 아니다.
　얼마 전만 해도 부서의 실적은 즉 부서장의 실적이었다.
　지금은 부서원 연간 계획 외에 본인도 목표를 세워서 부서원과 관계없이 달성하고 평가받아야 한다.
　연간 계획은 직원 임원까지도 작성해서 인사고과에 반영된다.
　인사고과에 의하여 같은 직급이라도 성과급(Incentive Bonus)에 크게 차이가 난다. 특히 IT 관련 업계는 더 심하다.
　직위가 높다고 연봉이 무조건 높은 것도 아니다. 어느 회사 어느 부문에 속해 있느냐에 따라서 같은 입사 동기라도 연봉이 두 배 이상 차이 날 수도 있다.
　1차 평가는 관계사 중 어느 회사가 실적이 좋으냐에 따라서 등급이 매겨지고, 2차는 그 회사에 어느 부문 어떤 본부에 소속되느냐에 따라 등급이 상대평가로 매겨져 성과보수(Incentive) 성과금이 틀릴 수 있는 거다.
　1,000% 받는 사람이 있는가 하면 100%도 못 받는 사람도

있는 거다.

가족들은 말한다. "신문에 SK 500% 지급했다는데 당신은 왜 100%야."

답하기 난감한 지경일 거다.

그래서 능력이 없이 부서장이 되면 어떻게 되겠는가?

직원들에게 민폐를 끼치는 거고 눈총을 사는 거다.

대기업은 시스템에 의해 흘러가지만, 부서장은 똑똑해야 한다.

연륜에서 우러나오는 기획력, 순발력, 판단력, 예지력, 통솔력, 친화력 등이 전제되어야 한다. 자신 없으면 승진을 고사(固辭)해야 한다.

직책에 욕심낼 것이 아니다.

후배 밑에서 근무하면 어떤가! 자기가 잘할 수 있는 위치에 있으면서 최선을 다하면 된다.

# 요령주의자

 조직 생활을 하다 보면 구성원 중 요령 피우는 사람이 꼭 있다. 생색낼 만하고 하기 쉬운 것은 하지만 어려울 것 같은 것은 요리 핑계 저리 핑계를 대며 회피하려고 한다. 어려운 것을 안 하려고 하는 것은 요령 피우는 것보다는 사실 일이 겁이 나서 못 하는 편이 더 많다.
 일이 어려워 보이고 겁이 나는 것은 일에 대한 분석력이 없어서이다.
 아무리 복잡할 것 같은 일도 세분하여 다이어그램(Diagram)을 그리고 흐름(Flow)을 작성해 보면 쉽게 분석되고 할 수 있다는 자신감이 다가온다.
 경영학에서는 심플렉스 방법(Simplex Method)을 응용하여서 일 처리를 모두 단순화한 경영 서적이 인기를 끌었었다.
 이제 대기업에서는 모든 업무가 단순화되고 모듈(Module)화되어서 루틴(Routine) 한 업무는 어려운 것이 없을 정도다. 그래도 사회 환경이 급변하니 안주할 수는 없고 새로운 일의 연속이다. 이런 방법들을 동원해서 단순화하면 팀원들과 일을 나누면 되는 것이다. 한 부분(일)은 상사에게 부탁하면 상사도 기꺼이 한 역할을 한다. 그러면 리더가 누구인가? 자명한 것 아닌가! 물론 성과도 나눈다. 성과에 대한 독식은 기업에서 존재하지 않는다. 그렇게 동료를 끌어안고, 나누고, 협력하는 조직에서는 요령주의자가 나올 수 없다. 재미있는 팀워크와 화목한 직장만이 있을 뿐이다.
 요령주의자라고 하는 사람들은 요령을 피우는 것이 아니라 실제로 일에 대한 분석기법을 모르는 것이다.

# 직장에서 심리적 스트레스

현대사회는 빠르게 변하고, 사람들은 복잡한 환경 속에서 과중한 업무에 시달리며 살아간다.

대기업이 더 심할 수도 있다. 전통적인 정감사회(情感社會)에서 현대의 능률화 사회로 옮겨가면서 한 사회가 가진 문화와 이에 반응하는 다양한 심리적 반응이 정신건강은 물론 신체적 건강에도 영향을 준다.

직장에서의 심리적 갈등을 직무 스트레스로 표현된다. 직무 스트레스란 직무요건이 근로자의 능력(Capabilities)이나 자원(Resources), 바람(Needs)과 일치하지 않을 때 생기는 신체적 정서적 반응이다.

직장에서의 직무 스트레스 요인으로는 시간적 압박, 꽉 짜인 업무 시간표 및 처리속도, 자율권이 보장되지 못한 업무구조, 물리적으로 부적절한 업무환경, 부당한 업무요구나 책임 범위가 명확하지 못한 조직구조 등과 아울러 고용불안을 피부로 느끼는 것이다.

직무 스트레스로 인해 근육이 긴장되고 두통, 소화기계 질환, 심혈관질환 등 신체질환이 발생한다. 또한, 생리적 반응으로 우유부단, 허전함, 혼란, 우울, 불안, 신경과민, 분노, 걱정 등 감정에 손상을 주는 감정적 반응과 결합하여 집중력에 영향을 주고 업무수행능력을 저하한다. 이것들이 심해지면 주의가 산만한 상태로 일을 하게 되어 사고를 일으킬 수도 있다. 또 이를 극복하려고 흡연 및 음주빈도가 증가한다. 현대사회의 직장인들은 이런 것을 동료나 상사와 상담하고 어려움을 호소하는 자체를 꺼리고 있다. 연약함을 노출하고 싶지 않기 때문이다.

  이런 심리를 파악하여 인력관리실이나 조직관리부서에서는 직무분석을 효율적으로 하고 상담을 정예화하여 지속해서 관리해야 한다.

  또 부서장은 일 잘하는 사람에게만 일을 몰아주는 것도 삼가야 한다.

# 임장태세(臨場態勢)

어떤 장에 임하는 마음 자세는 아주 중요하다.

이 자세로 삶의 질과 성공 여부가 결정될 수도 있다. 내가 참여하는 이 장(場)을 천국으로 만들겠다는 신념이 있어야 한다. 동호회든 동창회든 직장의 회합에서도 적극적이어야 한다. 대부분의 사람은 그냥 중립을 지킨다. 아무 말도 하지 않는 것을 덕목으로 생각하는 사람도 있다. 또 말 안 하면 중간은 간다고도 한다. 말 잘못해서 책이나 잡히지 않을까? 그런 임장태세는 습관이 되고 나중에는 신념 없는 도태자가 될 것이다.

적극적으로 임해야 한다. 작은 모임이라도 사전 준비를 해야 한다. 실수하고 논쟁을 하다 보면 어느새 자기가 중심점이 되는 것이고 실력도 는다. 다만 모두가 만족하고 행복하게 해야 한다는 정체성은 뚜렷하게 가져야 한다.

동창회 회장이나 총무 하는 친구들은 대단하다. 잘해야 본전이라는 말도 있지만, 희생적으로 모두를 살피며 헌신한다.

자기가 하지 못할 바에는 이들에게 불만이나 질책을 하지 말아야 한다.

# 새벽노동시장(임장태세II)

 새벽이면 열리는 인력시장이 있다. 일용직 노동력이 거래되는 시장이다. 새벽 4시 이곳을 찾는 인부들은 매일같이 기초생활비를 위한 일자리가 절실하다. 집을 나오면서 제발, 내가 오늘 일할 수 있도록 선택을 기도하며 나온다. 그나마 일할 수 있게 선택된 사람은 안도의 한숨을 쉬며, 그렇지 못한 자를 뒤돌아본다. 이 순간만은 승리자다.

 선발된 사람들은 줄지어 늘어선 승합차에 몸을 싣고 현장으로 떠난다. 늘어선 승합차들이 모두 자리를 뜨기까지 발을 동동거리며 애타게 눈망울을 돌린다. 일자리를 구하지 못한 이들은 "오늘도 헛수고를 했구나!" 풀이 죽어 집으로 돌아간다.

 이들의 삶을 본다면, 정규직으로 일하는 사람은 얼마나 행복한지를 알 것이다.

 일단은 줄을 서지 않아도 매일 같이 자동으로 선발되어 있다. 노동강도도 이들에 비하면 새발의 피(鳥足之血)일 거다.

 막노동을 해보지 않은 사람은 모를 거다. 이들의 하루는 누구보다도 길다.

 행동과학에서 발표한 것을 보면 기업의 정규직 러닝타임(Running Time)은 평균 3시간이 안 된다는 기사를 본 적이 있다.

 누구라도 내가 일하는 일자리에서 감사하는 마음으로 임해야 한다.

 직장에서 최선을 다하는 임장태세가 꼭 필요한 이유다.

직장에서 권태기가 오거나, 매너리즘에 빠질 때가 있다.
이럴 때는 휴가를 이용하여 '새벽 노동시장'을 경험해 보라!

## 소중한 것들

　오랫동안 멘토 역할을 했던 차승진 상무가 인도네시아(Jakarta) 현지법인 SK끄리스 대표이사 사장으로 발령 났다.
　모든 것이 그러듯이 언제나 그대로 있을 것 같은 소중한 사람, 물건, 선호하는 식당들은 조금씩 변화한다. 세상의 이치이지만 아쉽고 많이 불편하다.
　업무 외에 많은 여담을 나누던 사이인 차 상무의 해외 전출은 가슴 한편에 바람이 죽 빠져나가는 것 같다.
　이제 가면 그 임은 언제쯤 돌아오려나….

## 자랑스러운 초등학교 친구

 초등학교 동기동창인 이원희 친구가 한국교원단체총연합회 회장이 되었다.
 교총은 대한민국 교육의 진흥과 문화의 창달에 기여하기 위한 모든 대학, 초·중·고 학교를 아울러 대변하는 막중한 공인 단체이다.
 이 자리에서 국무총리로 영전한 사례도 있다.
 친구가 자랑스럽지 않을 수 없다. 취임식에 참석했다.
 오랜만에 고향 친구를 만나고 은퇴하신 초등학교 때 은사님도 뵈었다.
 은사님도 감격하여 눈물을 보이셨다.
 원희 친구는 서울대학교 사범대학을 나와 고등학교 교편생활을 하였다.
 평교사 출신이 교총 회장이 된 건 처음이란다.
 사회에서 처음 장벽을 깨고 우뚝 선 카리스마에 나는 아낌없는 박수를 보내며 환호한다.
 원희는 내 이름을 정확히 발음하는 유일한 친구다.
 다른 친구들은 나를 "가내"라고 부르지만, 원희는 "관회"라고 정확히 부른다.

# 직장인의 기본자세

행복한 직장생활을 하려면 욕심 내려놓고 기본에 충실하면 된다.

직장에서 조급하게 승진 서둘지 말고 끊임없이 자기를 낮추(下心)는 것이 중요하다. 선임자들은 실력 없이 잘난 척하는 것 제일 싫어한다. 그렇다고 일을 대충 하라는 건 아니다. 열심히 최선을 다하되 튀지 말고 묵묵히 하라는 것이다.

묵묵히 자기 역할 충실하면 주변에서 다 안다.

요즘은 주변 평가도 필수다. 직속 상사에게만 잘 보인다고 잘되는 것 아니다.

자기 역할 잘해서 상사 밀어 올리고 동료 밀어 올리고… 주변에 호감 가는 사람이 되면 된다.

승진은 되어지는 것이지, 성급하게 되려고 해서 되는 것이 아니다.

그러면 자기도 끌려 올라간다. 한 스텝 늦으면 또 어떤가!

인생은 마라톤이다. 단거리로 빨리 올라가 빨리 퇴직하는 게 좋은가?

한 발자국 늦게 가다 보면 세상의 삶의 질도, 행복도 다 보인다. '하심'의 마음을 늘 유지하면 함께 잘나갈 수 있다.

Slowly….

# 궁여지책(窮餘之策)

처가에 행사가 있어 온 가족이 갔다.

경기도 여주에 자리 잡고 있으니 우리 집에선 지척인 셈이다.

처가댁은 언급했듯이 주류파다. 주류 문화가 아주 활성화되어 있다.

그 집 부모·형제는 물론이고 며느리 동서까지도 주량이 대단하다.

나는 술을 못하니 늘 곤혹스럽다.

술을 못한다고 와인을 따로 준비해 놓는다.

그도 몇 잔만 마시면 해롱해롱이다.

버티다 버티다 어디 빈방에서 한숨 자고 저녁에 일어나 보면 그 술자리 그대로 흐트러짐이 없다.

그래서 궁여지책 아들과 논다.

아들은 나를 닮았는지 운동을 좋아한다. 가르치면 바로 따라 한다.

탁구 하기, 자전거 타기, 테니스, 바둑 두기… 처가댁에 접이식 바둑판을 가져갔다.

정신 바짝 차리고 술 안 취하는 드링크제를 먹고 시작해도 판판히 실패하니 포기하고 아들과 바둑을 둔다.

처가 식구들이 이구동성 말하기를 "우리 집에선 못 보던 씨츄에이션이다."라고 한다.

# 실리콘밸리(Silicon Valley)

신년을 맞이하여 미국에서 하는 세미나에 참석했다.

세계적인 IT 방향(Trend)을 파악하기 위해서다.

샌프란시스코에서 얼마 떨어지지 않은 곳 산호세에 실리콘밸리가 있다.

내로라하는 정보통신기업, 전 세계적 컨설팅(Consulting) 기업들이 여기 다 모여 있다. 스탠퍼드 대학교 연구 단지를 시작으로 첨단기술 전초기지가 되었다.

유니콘 회사가 1주일에 한 개씩 탄생한다고 한다.

실리콘 밸리의 성공 요인은 혁신을 베이스(Base)로 위험을 감수하는 모험정신, 유능한 인재, 즉시 투자할 수 있는 벤처캐피털 투자자들, 융합산업에 적합한 창업 환경 등의 조건들이 어우러진 결과이다.

정말 부럽다. 눈에서 빛이 나는 것 같았다.

미친 듯이 열정적인 사람들의 집합체 같았다.

명문대학을 포기하고 창업하러 오는 도시인데 정말 그런 분위기다. 이들이 공과대학을 졸업하면 창업이 60% 넘는 환경이다. 우리는 공무원이 되고자 취업에만 목매는 한국의 젊은이들, 잠시 많은 생각을 해본다.

오는 길에 스탠퍼드대학에 들렀다.

잔디 곳곳에 가지각색의 자세로 책을 읽고 있는 학생들을 본다.

더욱 부러움을 안고, 많이 배우고 자료 얻어서 귀국한다.

# 복사꽃 살구꽃 아기 진달래

긴 겨울이 지나고 봄이 왔다.

우리나라 계절은 참으로 아름답다. 내가 지나다니는 곳에 작은 동산이 있다.

진달래와 개나리가 피는가 싶으면 동산이 온통 진달래와 개나리만 있는 것 같다. 며칠이 지나면 그 꽃들 온데간데없고 벚꽃 동산이 된다. 벚꽃이 한동안 사람들의 시선을 잡은 후, 철쭉이 온 산을 덮는다. 산엔 또 철쭉밖에 없는 것 같다.

그다음은 아카시아 꽃이 만개하여 모두 비키라고 한다. "비켜, 비켜."

꽃냄새가 진동한다.

좀 더 지나면 비릿한 밤꽃을 당할 재간이 없다.

꽃에 대한 시인들의 예찬도 감탄이다.

어쩌면 표현을 그리도 잘하는지….

진달래, 목련, 장미의 노래, 개나리, 복사꽃 살구꽃의 동요.

나도 이제 나이가 드는 것인가!

자연의 신비에 감탄하고 있으니 하는 말이다. 꽃의 예찬을 더듬어 본다.

일본 장편 소설 『대망』 속 벚꽃에 대한 절묘한 표현이 아련히 떠오른다. 일본 노부나가 시절 내전(內戰)에서 남쪽 성을 공격하다 죽은 한 무장이 성을 함락한 후 벚꽃을 구경하며 귀경하겠다고 다짐했었는데 그는 전사했다.

돌아오며, 장졸들은 관을 꺼내 벚꽃을 보게 했다.
"사후(死後)에 벚꽃을 구경하다."였다.
그때 꽃에 대한 표현을 잊을 수 없다.
이 책으로 그 작가는 일본 최고 작가상을 탔는데 그는 중졸이었다.

# Y2K Millennium

밀레니엄 문제(Y2K Millennium)가 더욱 수면으로 주목받았다. 1999년이 되어서다.

매스컴도 방송 횟수가 많아지고 급기야 정부에서도 나섰다.

정통부에서는 각 기관과 기업들을 문제 해결됐다는 공인인증을 받게 했다.

정통부 산하 정보통신기술원에서 공인 심사원 자격을 부여하는 시험을 마련했다.

나도 소프트웨어(Computer Software)와 공장 자동화 시스템을 검증할 수 있는 "Y2K 선임 공인 인증사"가 됐다.

담당 업무를 하면서 관계사 Y2K 문제를 해결하는 일을 하게 되었고,

관공서도 심사하게 되었다.

국민연금공단 본사도 내가 심사를 했다. 시급(時給)이 국내 최고로 대접받았다.

하루 10시간 심사를 하면 1일 일당(Pay) 수당이 웬만한 사람 월급보다도 많았다. 물론 그 돈은 개인 것이 아니고 회사로 입금되었다.

나는 보너스(Incentive)를 푸짐하게 받게 될 것이다.

SK에너지 울산공장도 심사하러 갔다.

같은 그룹사 직원이지만 대우가 별달랐다. VIP 대접을 받았다.

식사도 외부 VIP만 접대하는 영빈관에서 했다.

입사 초기 선경합섬 울산공장 자재과에서 전력발전용 유류(Bunker-C 油)를 담당했던 기억이 났다.

화학 회사 특성상 전기(電氣)를 자가발전하는데 Bunker-C 油가 생명이다.

유류파동 당시 기름이 달랑달랑해서 마음 졸이며 "유공"(그 당시는 公社)에 선물을 잔뜩 싸 들고, 기름 좀 보내달라고 애걸하던 기억이 났다.

격세지감(隔世之感)이 따로 없다.

IT 특수를 누리려고 Y2K 대응은 너무 과잉이라는 생각을 지울 수가 없다.

이런 일 안 해도 아무 문제 없을 것이다….

# 과잉대응

SK케미칼 고객사 CIO 손관호 상무의 호출이다.

"Y2K 인증이 어떻게 되느냐?"고 했다.

인증 돈 들이고 하지 않겠다고 답했다. 할 필요 없다고 했다. 그래도 아무 문제가 없을 것이라고 단호하게 말했다.

내가 선임 심사원인데 "외부 인증을 왜 해야 하느냐"라고 했다.

팬스레 비용만 1억 이상 든다. 수긍은 하지만 꼭 해야 한다고 한다.

그룹 차원에서 회장실에서 챙긴다는 것이다.

사장단 회의에서 안 된 회사를 독려하나 보다.

다른 관계사 인증받는 데 3~4억 들였다.

나는 할 수 없이 친한 인증사를 규합하여, 간단한 인증을 진행했다.

2천 500만 원만 지출했다.

그것도 아까웠다.

소속은 SK C&C이지만 나는 영원한 SK케미칼 출신이다.

그곳이 나의 고향이고 "SK그룹 사관학교"고 비용 절감도 소속회사보다도 최우선이다.

케미칼 외부용역(Outsourcing: IT 프로젝트나 활동을 기업 외부에 위탁해 처리하는 것) 연간 비용도 최대한 줄여달라고 최○락 전무에게 조르고, 설득하고, 애걸한다. "케미칼 연간 비용 다 합쳐봐야 SK C&C 매출액의 1% 정도입니다. 좀 줄여주어도 표시도 안 납니다." 하고 떼를 쓴다.

  자네는 어느 회사 소속이냐고 꾸짖고 결국 내 고집을 인정해 준다.

  SK케미칼 고객사에서 그것을 알기나 하려는지….

# 황제 골프

인도네시아 현지법인으로 간 차승진 대표에게서 연락이 왔다.
Y2K 문제를 점검해 달라는 것이다.
세계적으로 매스컴들이 겁을 주니 거기도 걱정이 되나 보다.
소수 인원을 꾸려서 갔다. 1주일 기한이다. 차 대표 너무 보고 싶은데 잘되었다는 생각으로 마음이 들떠서 그곳에 갔다.
절친한 친구인 차 대표와 전화통화는 가끔 했지만, 얼굴 본 지는 오래되었다.
시간 가는 줄 모르고 많은 이야기를 나누었다.
업무 이야기는 물론, 국내 상황, 회사의 근황, 등등.
일은 숙달된 함께 간 동료들이 야무지고 빈틈없이 착착 진행이고, 나는 큰 것만 점검한다.
차 대표랑 황제 골프도 즐겼다. 세계적으로 유명한 명문 골프장에서 둘이 공 두 개씩 치고 나갔다.
몇 년 전 준공(Start Up)했을 때와 사뭇 다르다.
많이 안정되었고 잘 정리되었다.
일하러 간 것이 아니고 휴가 온 것 같았다. 생각을 바꾸면 파라다이스 같은 곳이다. 종업원 현지인은 3천여 명이고 파견 한국인은 서른여 명이다.
이들은 대부분 가족과 함께 이주하여 생활한다.
물론 주거비는 회사에서 지원한다.
서울 본사에 복귀 발령을 받으면 퇴사하고 거기서 눌러사는 직원도 있단다.

　직원이 여담으로 말했다.

　2억여 원만 있으면 귀족처럼 살 수 있단다. 1억으로 집사고, 자동차사고, 골프회원권 사고 또 다른 1억으로 은행에 저축하면 운전기사, 가정부 두 명 고용하여 생활할 수 있다고 한다. 현재 은행 금리 18%/년(한국의 70년대 이율), 월 이자소득 150만 원. 이론적으로 그럴듯하다.

　풍토병 없고, 고국의 부모·형제 친구가 그립지 않으면 해볼 만하다.

　나도 여유로운 시간을 보냈다.

## 바쁜 중에 꿈같은 시간을

　자카르타 현지 사업장 IT 점검과 Y2K 문제를 예정보다 빨리 끝내고 일행들과 싱가포르를 들렀다. 일정에 없었던 방문이다.
　싱가포르는 환경정책에 많은 공을 들인다.
　준칙을 지키지 않으면 벌금을 상상외로 많이 낸다. 그래서 도회지는 깨끗하고 질서정연하다.
　껌을 씹다 길거리에 버리면 우리 돈 10만 원 정도의 벌금이 있단다.
　울산사업장 기술반 곽 차장, 김○호 과장, 이○정 과장과 함께하는 틈새 관광이다. 개인적인 고충, 가정사 이야기하며 많은 곳을 둘러보고 현지인들과 대화도 하며 다녔다. 이곳 택시 기사는 거의 모두가 영어를 구사한다.
　세계적으로 유명한 버드파크(Bird Park)는 신기한 식물과 희귀한 새들까지 어마어마한 큰 공원에 놀랐다. 세계 최고다. 우리 아이들이 어렸을 때 여기를 꼭 와봤어야 했던 코스라고 생각하며 가족 생각이 났다.
　식물원을 거쳐 나비 공원(Butterfly park)도 관광했다.
　한국에서 봄이 되면 노랑나비, 흰나비 호랑나비 정도만 보다가 수없이 많은 각국의 나비들을 모두 수집해 놨으니, 신기하고 아름다움에 한동안 넋이 나갈 정도이다. 그 개체 수가 1만이 넘는다고 한다. 허기야 우리나라에도 몰라서 그렇지 900종이나 된다고 한다.

일행들은 그만 가자고 하는데 나는 온종일 보고, 관찰하고, 사진도 찍고 싶은 마음이다. 어릴 적 교회 유치원 다닐 때 나비 잡으러 뛰놀던 생각도 아련하게 피어올랐다. 이곳도 살아서 꼭 한번 볼 만한 관광지다.

아쉬움을 달래며 현지 택시기사가 추천하는 산토샤 해변에 갔다.

진귀한 바다 음식(Sea Food)들이 끝도 없이 점포를 이루고 있다.

한국에서 접하기 쉽지 않은 음식들을 일단 시켜 먹고, 한국에선 비싸 자주 먹지 못하는 음식들을 시켜 먹었다. 그런 음식들도 이곳에선 저렴한 편이다.

이곳 음식값의 고하를 신경 쓰지 않고 원 없이 먹었다.

그래도 예산이 많이 남는다. 인도네시아에서 모든 비용을 차 사장이 거의 부담했기 때문이다.

일행과 꿈같은 시간을 보냈다. 일 처리도 빠르게 효율적으로 처리하고 출장 목적 외 IT 시스템도 모두 점검 지원 개선하고 왔으니 개운하다.

네 사람이 퇴직 후 사업을 한다면 승승장구할 것 같다.

직장인도 가끔은 이런 낭만이 있어야지….

올해따라 무척 바쁜 중에 꿈같은 시간을 보냈다.

## 직장 동호회(同好會)

직장생활의 매력은 뭐니 뭐니 해도 동호회 활동을 빼놓을 수 없다.

옛날에는 산악회, 낚시회, 테니스, 기우회 등만 국한적이었지만 요즈음은 더 많아졌고 다양해졌다.

수상스키, 스키, 스쿠버다이빙, 패러글라이딩 등 인원만 일정한 수준이 되면 복리후생비가 지원된다.

울산에 근무할 때는 산악회 총무로서 지리산을 세 번이나 등반했다.

천왕봉 바로 아래서 야영한 기억도 있다.

다른 동호회는 관광차나 일반 대중 교통편을 이용하지만 우리는 회사 통근버스를 얼마든지 배차할 수 있다. 자가용 버스인 셈이다.

직장 동호회는 원칙을 준수한다. 산에는 나무가 지천이지만 캠프파이어를 위하여 장작도 나누어 가지고 간다. 배낭이 얼마나 무겁겠는가?

높고 험한 산을 오를 때마다 나는 생각나는 사람이 있다. 고산자(古山子) 김정호 선생이시다. 그는 십 년 넘게 우리나라의 방방곡곡을 직접 돌아다니며 대동여지도를 그렸다. 그 당시 변변한 장비도 없을 테고, 지금처럼 길도 없었을 것이다. 지금은 지리산도 중턱까지 차가 올라간다. 산에는 맹수도 많았을 것이다. 장비를 모두 갖추고 답사에 따라 오르는 것도 이리 힘든데 지리산 백두산을 7, 8회씩 오르셨다고 하니 가히 상상을 할 수 없을 정도이다.

지리산 산행 야영 당시, 협곡 산중에 텐트 사이로 보름달을 보았을 때 그 아름다움의 운치는 말로 표현하지 못할 정도다. 같은 달을 보아도 이곳에서 보는 달은 다르다. 그리고 각자의 꿈을 꾼다. 잊지 못할 풍경과 머무르고 싶은 시간이었다.

이제는 수석이 되어 동호회에서 낚시회장도 한다.

아직 낚시찌도 잘 못 매지만 선임 직책자가 관례상 맡는 것이라서 떠맡았다.

낚시를 언급하니 몇 번이나 본 영화「흐르는 강물처럼」생각이 난다.

부자(父子)간 형제간의 대화와 아름다운 계곡들이 일품이다.

아버지가 두 어린 아들에게 낚시를 가르치며 "낚시를 모르면서 낚시를 하는 것은 물고기에 대한 무례"라고 하는 말이 생각나서 웃었다.

성실하게 직장생활하고 충분한 휴식과 여유를 즐기는 것 꼭 필요하다.

취미 활동은 바쁘고 시간이 없어도 즐겨야 한다.

하루하루가 소중하고 다시 돌아오지 않는 날들이다.

# 행복수련원 탄생

최창원 부회장의 열정은 계속되었다.

십 년 전 상견례 할 때 "종업원들이 행복했으면 좋겠다.

또 늘 밝은 표정으로 일하는 것을 보고 싶다"는 말은 그냥 하는 말이 아니었다.

지속해서 연구하고 실천에 옮겼다.

신입사원이 들어오면 단체로 동사섭 수련을 하게 하였고, 과장급, 부장급, 임원급을 나누어 맞춤 교육도 보냈다.

충남에서 삼동원이란 연수원을 빌려서 하던 수련을, 별도 수련원을 설립했다.

함양 지리산 자락에 토지를 기부해서 멋진 "행복마을수련원"이 탄생한 것이다.

커다란 교육장, 소모임장, 식당, 숙소 등이 마련된 것이다.

물론 전국적인 일반인을 위한 연수원이다.

일반과정 중급과정, 고급과정 그리고 지도자를 위한 과정도 신설하였다.

연구와 지속적인 토론회도 계속되었다.

인문학 분야 대가인 서울대 심리학 교수인 최인철 교수도 함께했다.

물론 동사섭을 주창하신 용타님이 주도하셨다.

나도 구성원으로 참여하였으나 주로 배우는 처지다.

이는 회사구성원들의 큰 홍복(洪福)이다.

회사구성원들은 지도자를 잘 만나야 한다. 최고 경영자를 어떤 사람을 만나는가는 회사원의 생을 좌우한다.

때로는 이익을 양보하고, 때론 노조의 불만을 인내하며 기업의 안정과 성장을 열정적으로 경영하는 것은, 투철한 기업가 정신이 있기 때문이다.

한국의 특이한 "기업인들의 기업가 정신"은 우리나라를 부강하게 만든 것이다.

# 미세 기쁨

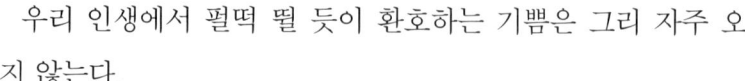

우리 인생에서 펄떡 뛸 듯이 환호하는 기쁨은 그리 자주 오지 않는다.

그러니 행복하려면 작은 것에 행복해하는 습관이 필요하다.

앞 장에서 언급했던 최인철 교수는 다음과 같은 행복론을 기고하였다.

'행복'이라는 단어 자체를 뜯어보며 설명했다. "사전에 제시된 행복의 첫 번째 정의는 '우연히 찾아오는 복'이다. '우연(幸)과 복(福)이 행복의 핵심이라는 거다. 굳이 애쓰지 않아도 다가오는 복에 관해 얘기하고 있을 뿐 행복이라는 경험의 본질이 뭔가에 대해서는 어떤 힌트도 없다."라고 말한다. 행복이라는 단어가 그 개념을 포괄하지 못하기 때문에 행복이 무엇인지 알기 어렵다는 거다. 행복 대신 '쾌족(快足)'이라는 단어를 제안하기도 했다. "글자 그대로 기분이 상쾌하고 자기 삶에 만족하는 심리 상태를 말한다."

그렇다면 어떤 것이 행복한 삶일까. "쾌락과 의미가 공존하는 삶"이라고 설명했다. 쾌락보다 의미가 중요하다는 뜻이 아니라 최근 '의미 있는 삶'을 너무 무겁게만 바라보는 풍조 때문이다. 대의를 위해 자신을 희생하고 버리는 삶만이 의미 있는 삶은 아니다. 작고 가볍지만, 중요한 의미도 존재한다.

아침마다 아이들에게 따뜻한 밥을 지어주는 것, 삶에서 정리정돈을 잘하여 쾌적하게 하는 것!

시간 약속을 잘 지키는 것 같이 일상 속에서의 의미이다.

작고 확실한 행복인 '소확행(小確幸)'이 존재하듯 작은 확실한 의미인 '소확의(小確意)'도 있다고 말한다.

"행복이란 말은 두루뭉술하여 쾌족이라 부르면 어떠냐"고 했다.

모든 삶의 과정을 긍정적으로 바라보고, 작고도 적은 것에 환호하는 습관이야말로 행복으로 가는 지름길일 거다.

## 아무 문제도 발생하지 않았다

1999년 12월 31일이 되었다.

새로운 밀레니엄 시대가 열리는 송구영신이며, 그동안 공들인 Y2K 문제 해결의 심판의 날이다.

SK그룹 차원에서 조직되었던 Y2K 문제 해결 Task Force Team은 종로에 있는 SK빌딩에 모여서 마지막 대응을 지켜보고 있었다.

찰칵! 해가 바뀌었다. 아무 문제도 발생하지 않았다.

전 세계적으로, 날아가던 비행기도 떨어지지 않았고, 공장도 멈추지 않았다. 멈춘 공장은 없었고 자동화 문제는 발생하지 않았다.

혹자는 "일이 년간 준비를 잘한 덕이라고, 그래서 별 사고 없이 잘 넘어간 거"라고 할 거다.

내가 처음 예측한 대로 과잉대응이고, 정보통신업계의 특수를 부추긴 전략을 의심하지 않을 수 없다.

물론 사안이 중대하니 매사 준비하는 건 나쁘지 않다.

아무튼, 우리는 특별수당을 두둑이 받았다.

## 가족 유럽여행

장기근속 패와 휴가포상금을 넉넉히 받았다. 아내와 해외여행계획을 의논했다.

아시아의 값싼 곳을 알아보았는데 인당 50만 원 정도면 괜찮은 것 같다.

조금 더 들여서 견문도 넓힐 겸 일본도 고려를 해보았다.

우리는 점점 욕심이 생겨서 상향조정을 계속해 갔다.

조금 더 보태서 유럽으로까지 넘봤다. 아내와 논의 끝에, 그동안 고생도 많이 했고 크게 저지르기로 했다.

유럽여행 9박 10일. 자녀들은 아들 초등학생, 작은딸 고등학생, 큰딸은 대학생이다.

영국을 들러보고 기차를 타고 스위스에 도착하여 관광버스로 프랑스, 이탈리아, 오스트리아, 독일을 관광하는 코스다. 환상적이었다.

아내는 말했다. "우리 벌써 본전 다 찾았수." 영국 주요지를 관광하고, 스위스 레만호, 융프라우 아름다운 마을과 만년설을 보고는 이제 본전 다 찾았으니 이제부터 보는 것은 보너스(Bonus)라고 했다. 겨우 시작인데 말이다.

거금 2천만 원, 그 돈이면 서울 변두리에 전세를 안고 집을 한 채 살 돈이었지만 조금도 아깝지 않다. 버스 타고 이동 자체가 즐거움이다. 고급 패키지를 선택한 까닭에 숙소와 음식은 최고수준이다.

일행 중 KT 근무하는 가족이 있는데 조건이 우리와 비슷하다. 딸 둘에 막내아들 하나. 큰딸은 그 집 큰딸과 함께 여행 내내 함께 방을 쓰며 친해졌다.

그 집 부부와 우리 부부끼리도 담소하고 술도 마셨다.

이탈리아 와인, 독일의 흑맥주 너무 좋았다.

큰딸의 진면목도 놀랍다.

담당 가이드(Guide)가 매끄럽지 못하거나, 말이 달라지면 조목조목 따졌다.

프랑스에서 길을 잃었을 때도, 아내가 관광 중 벌에 쏘였을 때도 걸맞은 조처를 해달라고 요구했다.

우리 큰딸이 맞나?

우리는 순둥인데 누굴 닮은 것인가!

# 선산(先山)

한가한 일요일 조부님 기일이다.

요즘 왠지 조금 울적하고 의욕이 가라앉는다.

차를 몰고 100km쯤 떨어진 선산에 갔다.

나는 선산(先山)에 우울해도 가고, 기쁜 일이 있어도 간다. 선산은 내가 자주 찾는 마음의 안식처다.

할아버지, 할머니, 어머니, 삼촌, 숙모님들의 묘소가 있는 곳이다.

승진해도 한잔 올리고 진급 누락이 되어도 위안을 찾아서 가는 곳이다.

이곳에 갔다 오면 한동안 마음이 편안하다.

내 차에는 낫도 있고 작은 가지를 칠 수 있는 톱과 전지가위도 있다.

금초(伐草) 때처럼은 못하지만, 어느 정도는 정리하고 온다.

사촌 중에는 생존에 할아버지 정이 없어 한잔 올리는 것조차 마음에 내키지 않는다고 한다. 한때 외도로 할머니를 힘들게 한 것을 염두에 두는 것이다.

할머니가 작은할머니를 두라고 하셨단다.

공직생활을 하는 할아버지는 먼 거리 전출 발령이 잦았는데, 할머니는 "따라 다니기가 어려워."라고 말씀하셨다고 한다.

할머니는 대농(大農)을 꾸려가셨다. 그때만 해도 농사일을 마님들이 일꾼을 두어서 농사경영을 주도하는 형국이었을 것이다.

나의 외갓집도 외할머니가 주도하였던 기억이 난다.

어느 가족이나 복잡한 사정이 있다. 그러나 조상 없이 어찌 우리가 존재한단 말인가.

옛날 기일에는 사촌 이십여 명이 모여 서른여 명이 북적거리고 돈독했는데 요즘 함께 모일 일이 점점 없어져 안타깝다.

명절은 일가친척 모임의 순기능이다. 명절이나 기일은 일가친척의 모임 유대관계를 지속시키는 명분이지 않은가!

나의 부친이 지차(之次)이니 내가 조부모 제사는 지낼 수 없지만, 설과 추석 명절에는 두 분 진지와 탕을 어머니와 함께 올린다.

## 같은 일, 다른 삶

　행복마을 이사장님은 수련자들이 수심 공부를 게을리할까 염려하여 공부에 도움이 될 만한 자료를 가끔 보내주신다. 이 중에는 읽은 것도 있고 처음 보는 것도 있다. 좋은 글은 두 번 세 번 다시 읽어도 좋다. 아래는 보내주신 글이다.

　어느 날 공자가 조카 공멸을 만나 물었습니다.
"네가 벼슬한 뒤로 얻은 것은 무엇이며, 잃은 것은 무엇이냐?"
　공멸은 표정이 어두워지더니 대답을 했습니다.
"얻은 것은 없고, 잃은 것만 세 가지 있습니다.
　첫째, 나랏일이 많아 공부할 새가 없어 학문이 후퇴했으며,
　둘째, 받는 녹이 너무 적어서 부모님을 제대로 봉양하지 못했습니다.
　셋째, 공무에 쫓기다 보니 벗들과의 관계가 멀어졌습니다."
　공자는 이번엔 공멸과 같은 벼슬에서 같은 일을 하는 제자 복자천을 만나 같은 질문을 해보았다.
　복자천은 미소를 지으며 대답했다.
"잃은 것은 하나도 없고, 세 가지를 얻었습니다.
　첫째, 글로만 읽었던 것을 이제 실천하게 되어 학문이 더욱 밝게 되었고,
　둘째, 받는 녹을 아껴 부모님과 친척을 도왔기에 더욱 친근해졌습니다.

셋째, 공무가 바쁜 중에도 시간을 내어 우정을 나누니 벗들과 더욱 가까워졌습니다."

공멸과 복자천, 그들은 같은 일을 하고 있었지만, 전혀 다른 삶을 살고 있다.

똑같은 일을 하고도, 똑같은 수입을 가지고도 한 사람은 세 가지를 잃었다고 푸념하는데, 한 사람은 오히려 세 가지를 얻었다고 감사한다.

공멸과 복자천의 차이가 있다면 삶을 바라보는 관점의 차이일 것이다. 이처럼 같은 상황 속에서도 마음먹기에 따라 전혀 다른 삶을 살 수 있다.

"행복의 비결은 좋아하는 일을 해서가 아니라 해야 하는 일을 좋아하기 때문이다."라는 제임스 베리의 말을 상기한다.

## 스트레스 최고의 명약

정신의학계 '스트레스 전문가' 한스셀리(노벨 의학상) 고별 강연을 하버드대학에서 했다.

강당에는 백발의 노교수들이 빽빽이 들어섰다.

한스셀리가 강연을 마치고 기립 박수 속에 내려가는데 학생 한 명이 질문하였다.

"선생님, 우리가 스트레스 홍수 시대를 살고 있는데 스트레스를 해소할 수 있는 비결 딱 한 가지만 말해주십시오."

그러자 답변 딱 한 마디. "Appreciation!", 감사하라!

감사만큼 강력한 스트레스 정화제가 없고, 감사만큼 강력한 치유제가 없다.

감사하는 마음속에는 미움, 시기, 질투가 없다.

편안하고 마음이 평온한 가운데 말하면 한순간 세로토닌이 몸속에서 쏟아진다고 한다.

이렇게 '감사'라는 것이 우리의 마음을 편안하게 하고 몸과 마음을 건강하게 한다.

아침에 눈을 뜨는 것만으로도 감사해야 한다.

내 발로 이렇게 대지를 버티고 서 있는 것만으로도 감사한 일이다.

우리는 감사하는 생활을 어느 한순간도 잊어버리면 안 된다.

발이 제일 고생하니까 발을 주무르면서도 "수고했다. 고맙다. 조심할게." 이렇게 감사하는 습관이 정착되면 자연히 스트레스도 감소할 것이다.

## 감사한 마음을 전하다

시간이 지나도 동사섭 지향점은 전혀 반감되지 않는다.

대개는 교육을 받고 일정 기간이 지나면 도로 원위치 되는데 이건 오히려 더 성숙되어지고 삶과 어우러져 계속 발전되고 있다.

최 부회장님은 사비를 털어, 나 외에도 많은 구성원들에게 기회를 주었다.

이 베풂은 재(財)보시를 넘어 분명한 법(法)보시라고 단언할 수 있다.

최 부회장에게 감사하다는 e-mail을 보냈다.

다음과 같은 답신이 왔다.

---

안녕하시지요? 참으로 오랜만입니다.
그동안 물론 행복, 행복하셨지요?
제가 추천해 드렸던 동사섭의 인연으로 여러 가지가
level up 되셨다니 저도 보람이 큽니다.
남이 보든 안 보든 묵묵히 자기 일에 최선을 다하시는
우리 허 부장님의 모습이 참 좋아 보입니다.

새해에도 건강하시고,
좋고 기쁜 일이 많이 많이 생기시길 기원합니다.

**최창원**

## 또 다른 준비

이제는 회사를 떠날 날이 얼마 남지 않았다.

문득 최고경영자에게도 감사한 마음이 든다.

공장 기능직 기술직 사원에게도 고맙다.

각자 자기 직분에서 모두 성실하게 묵묵히 역할을 다해주었기에 오늘의 SK가 우뚝 서 있는 거 아니겠는가.

내가 입사할 당시만 해도 삼성, 제세그룹, 율산그룹, 대우그룹 등 취업 선호도가 SK 못지않은 기업들이 많았다.

하지만 그 잘나가고 큰 몇몇 기업들이 역사의 뒤안길로 사라졌다.

젊어서 창립자들의 자서전을 많이 읽었다.

성공과 아픔의 결단을 내려야만 하는 최고 경영자들이 있었기에 SK도 있는 것이다. 임원진과 모든 구성원에게 진정 감사하다.


은퇴 후를 고민할 즈음 "대기업 간부, 고급공무원, 사회지도층에게는 학비 대폭감면"이라는 대학원 입시요강 기사가 조간신문에 실렸다.

은퇴 후엔 가치 있는 삶을 살겠다고, 봉사 활동을 하며 살겠다고, 마음먹으며 그린피스(NGO)활동을 동경해 왔다. 나는 텔레비전 시청은 주로 "히스토리"와 "YTN 사이언스"를 주로 본다.

"작은 배 한 척이 거대한 큰 배에 붙어서 환경위반에 대응하는 것" 의미 있게 보았다. 가치 있는 일이고 나를 흥분하게 하였다. "은퇴 후 저런 일을 해야겠다." 그런 활동을 하려면 기초 지식부터 갖춰야 한다.

직장 상사에게 양해를 구하고, 대학원에 입학했다.

환경 분야에 권위 있는 환경공학 대학원. 간만에 가슴이 뛰고 의욕이 고조되었다. 대학 졸업하고 수십 년 써먹었으면 이즈음 재충전은 당연하다.

주변 사람들은 두 가지 의견으로 나를 조언했다.

"그만큼 열심히 살았으면 이제 편히 쉬지 골치 아프게 무슨 늦은 공부냐?"

다른 의견은 "평균 연령이 길어졌다 제2의 人生을 위하여 무언가 해야 한다.

배우는 것은 언제나 좋은 거다."라고 하며 Good Idea다. "박수를 보낸다."라는 편이다.

편히 쉬는 것이 무엇일까?

늦잠자고, 산책하고, 골프 치고, 해외여행 다니고, 어영부영 흘러가는 대로 바람 부는 대로 사는 삶! 나의 체질에 안 맞는다.

퇴직하신 직장 선배였고 나에게 좋은 말씀을 많이 해주었던, SK 윤인선 前 전무는 어디서 소식을 들었는지 일부러 전화해서 크게 격려를 해주었다.

크게 위안과 확신하게 되었다. 20세기에 비해 인간 수명이 크게 늘어났다.

그 옛날보다 삼십여 년이 보너스(?)로 더 주어진 것이다.

므두셀라(Methuselah)가 따로 없는 세상이 올지도 모른다.

어떤 장수 노인은 "내가 백 살까지 살지 미리 알았다면 90세 쯤에 준비를 좀 했을걸."이라고 회고하기도 했었다.

나는 이제 더 이상 주변의 눈치를 보거나 휘둘리지 않겠다.

인생 2막은 소신껏 내 삶을 살아야지. 일희일비하지 않겠다는 것이다.

하고 싶은 거 하고, 저지르고, 제치고 살겠다.

내 인생 제2막을 준비한다.

## 환상의 모자(母子)

딸 둘을 낳고 이제 그만이라고 아내가 말했었다.

당시 사회적 분위기로 하나나 둘이 출산의 통념처럼 되었었다.

나는 셋은 되어야 한다고 주장하였다. 속셈은 아들이 절실해서였다. 지금 생각하면 얼굴이 새빨개질 정도로 민망하고 미안하다. 정말 무식하게 막무가내로 밀어붙였었다.

처가에서도 내 편을 들어주었다. 처고모께서 큰 역할을 하였다.

암튼 나의 막무가내 무식(?)으로 지금의 아들을 얻었다.

아내가 말했다. 당신이 무식하고 힘들게 한 것 중에 제일 잘한 것이 그것이라고 했다. 지금이라도 이해해 주니 고마울 뿐이다.

지금 아내와 아들은 제일 친하다.

환상의 모자이다.

## 제가 냅니다

요즘은 나이가 들었는지 은퇴하신 선배님들이 그립다.

그때는 무섭고 야속하고 서운한 것도 있었지만 옛날이야기가 되었다.

연말엔 바빠서 지나갔고, 신년 인사 겸 신년회를 하자고 연락을 드렸다. 1대 전산부장을 하셨던 권○동 전무에게 전화했더니 무척 반가워했다.

이십여 년 함께 근무했던 충무로 3가 극동빌딩 옆 진고개에서 저녁을 모시겠다고 했다.

그 시절 함께했던 알 만한 부서원 몇 명도 함께 간다고 했다. 누구냐고 물어도 알려주지 않았다.

"미리 알면 재미없어요…."

전무님도 SK 시절 함께 근무했던 보고 싶고, 궁금한 사람 누구라도 좋으니 연락해서 함께 오셔도 좋다고 했다.

우리는 다양한 구성원이 모였다. 한 부서원이 아닌 분들도 참여했다. 간만에 사외 OB(Out Boundary) 인사들이 많이 모여 정겨운 시간을 가졌다. 회사를 떠나 궁금했던 많은 분들 보니 반가웠다. 은퇴하신 분들은 "당신도 잘나갈 때 퇴직준비 미리 해라!"고 조언한다.

귀한 말씀들을 많이 경청해서 얻어간다.

"오늘 제가 냅니다."

신년회를 정예화하기로 하였다.

## 자격증 하나

게으름을 경계하고 자기계발을 위하여 가능하면 매년 자격증 하나씩에 도전한다.

내가 하는 일과 관련이 없는 것들이다.

그렇다고 나중에 어떤 일자리의 기회를 얻기 위해서도 아니다.

그냥 가벼운 것에 응시한다.

한문, 유통관리사, 운송종사자격증 Business Consultant 자격증, 특허경영지도사 이런 것들이다.

운전면허증을 딴 지도 삼십 년이 넘었다.

그동안에 얼마나 많은 법규가 바뀌었나?

운송종사자격증 같은 것은 운전하는 사람에게 몰랐던 새로운 지식을 재충전해 준다.

나를 깨어 있게 하고 일거양득이다.

어떤 해는 한 해를 보내며 올해는 무얼 했나 하는 생각을 하였다.

약간의 위안을 준다. 도전은 작은 것이라도 늘 가슴 뛰게 한다.

# 공감과 합의

부서 Can-Meeting을 갔다.

캔 미팅은 전사와 소속 부서의 Super Excellent(신의 경지에 도달할 수 있는 높은 목표)한 목표를 실천하기 위한 하나의 SK 경영 도구의 일종이다.

일터를 떠나서 콘도나 펜션 등을 예약하여 1박 2일로 진행된다. 주로 주말에 간다.

부서의 캔 미팅은 수직적 미팅이고, 본부나 부문의 과제 수행은 수평적 미팅이 된다.

예를 들어 M. P. R(마케팅, 생산, R&D)의 미팅은 수평적이다. 공무원 사회처럼 법률, 법규, 규정, 내규 등이 정해지면 단체장이 일방적 지시에 의해 이행되는 것과 달리 기업에서는 목표, 과제 Mission을 모든 구성원과 공유한다.

그리고 전체 구성원이 직위 고하를 떠나서 공감 합의가 이루어져야 한다.

조금이라도 수긍을 못 하거나 통일되지 않으면 합의 도달까지 미팅이 진행된다. 그러면 주인의식이 최고조에 이르고 목표 달성도 빨라진다.

캔 미팅은 소통을 전제로 하지만, 그 저변에는 전사원의 목표에 대한 합의도출이 키 포인트(Key Point)이다.

장소에 도착하면 가벼운 레크레이션을 한다. 가벼운 축구, 배구, 족구 등으로 한바탕 웃고 떠든다. 숙식 장소를 정할 때 작은 운동장이 있는 것을 필수로 한다.

 이날도 편을 짜서 족구를 하게 되었다. 리더(Leader)도 무게 잡고 구경만 하는 게 아니라 함께 어우러진다.

 일진이 나빠서인지 발목을 심하게 다쳤다. 시간이 지나도 나아지는 것 같지 않다. 불편함 속에서 미팅을 마치고 귀가 시 운전을 하는데 다친 오른쪽 발을 잘 쓸 수가 없는 지경이다.

 부러진 거 아닌가?

# 아킬레스건(Achilles' tendon)

캔 미팅 다녀온 후 디딜 수는 있지만, 많이 아파서 병원에 들렀다.

사진을 찍고 좀 점검하니 당분간 발을 쓰지 말라고 다친 발을 반깁스를 해줬다.

한방병원 가서 침도 맞았다.

일주일이 지나도 통증이 가라앉기보다 더 아픈 것 같았다.

검색을 해보니 다른 이유도 있을 것 같았다.

MRI 촬영을 해야겠다고 생각하고 가보았다.

아킬레스건이 끊어지고 시간이 너무 지나 말려 올라가고 있다는 것이다.

정형외과 의사는 아킬레스건이 끊어지면 디딜 수가 없다고 했으니 그 의사 말만 믿고 시간만 지체하여 병을 키운 것이다.

바로 서울대학병원에 입원했다.

10cm 정도 절개하고 끊어진 아킬레스건을 이어야 한다고 한다.

이리 큰 수술은 난생처음이다.

아내가 옆에 있지만, 마음이 놓이지 않았다.

친한 친구 성국이와 정회에게 좀 와달라고 했다. 단숨에 달려왔다.

마음이 편해졌고 조금 우울하던 마음도 없어졌다.

두 친구와 아내가 밀어주는 침대차에서 영화에서나 보던 천장의 형광 등불을 보면서 입원실로 들어갔다.

## 크게 아프다는 것

서울대학병원에서 수술을 마치고 재활전문병원인 신우 병원으로 옮겨 입원했다.

깁스는 통깁스로 발에서 허벅지까지 싸매졌다.

잠잘 때 웅크리고 잘 수도 없다. 웅크리고 몸부림도 치며 자는 것이 얼마나 편한 수면인지 이제야 알겠다. 모든 게 불편하기만 하다. 처음엔 심한 통증이 없어져서 그나마도 견딜 만했지만, 발이 움찔움찔 다리를 굽히고 싶어 미칠 지경이다. 캔 미팅도 업무 연장이었으니 공상이지만 일을 못 하니 사는 것 같지가 않다.

병실은 특실로 분당 탄천이 내려다보이는 고층이다.

산책을 좋아하는 나로서는 탄천에서 걷고 있는 시민들이 마냥 부러울 뿐이다.

2개월은 지나야 무릎 아래까지 반깁스로 교환한다니 한참을 지루하게 보내야 하겠다. 육신이 온전한 것이 얼마나 큰 복인지 절실하게 느껴진다.

동사섭 수련 시 돕는 분의 말씀이 생각난다.

"몸이 크게 아픈 것은 내가 왜 이리되었을까? 책망하고 불평불만 할 게 아니다. 그대로 받아들이고 명상할 일이다…."라고 했다.

우리가 심하게 아프다가 나으면 도인이 산중에서 몇 년간 도를 닦은 것처럼 성숙해진다는 것이다. 아픈 기간은 일신을 위한 큰 수행 기간이고 심적 영혼(靈魂)이 자기도 모르게 성장한다는 것이다. 아픔의 크기가 클수록 더 그렇다고 하니 도반으로서 수행 길에 올라 체험해 봐야겠다.

움직일 수 없으니 오래간만에 많은 책을 읽는다.

『허삼관 매혈기』,『아름답게 나이 든다는 것』,『인생에서 가장 소중한 것』,『정의란 무엇인가』,『미래가 원하는 아이』….

큰딸은 면회 올 때마다 읽을 책 몇 권씩을 가져다준다.

딸이 어떤 책을 가져다주는지도 관심이 간다.

## 정월 대보름에

매년 정월 대보름 하루 전날 수원에 계시는 형님댁에 간다.
허문회 형님은 팔순이 넘어 은퇴 후 쉬고 계신다.
형수님은 예전이나 지금이나 변함없이 반갑게 맞아준다.
옛날에도 그랬지만 음식 솜씨가 일품이다. 조금도 녹슬지 않았다.
보름에 먹는 반찬과 오곡밥을 연례행사로 미리 준비해 놓는다.
옛날 내가 전쟁처럼 살았던 그때 생각도 아련히 한다.
농담도 한다.
"형님 그때 어찌 그리 저에게 혹독하게 하셨어요?"라고 하면 아우가 그때 잘 극복을 하였기에 지금 잘살고 있는 거 아니냐고 한다.
그리고 미안하다고 한다. 도와준 게 없다고도 한다. "왜 없어요. 말로 표현할 수 없을 정도로 많고 넘치지요." 혼자 속으로 말한다.
형수가 거든다. "이 양반은 사회 물정을 전혀 모른다"고 핍박을 한다.
집안일과 경제적인 것은 실질적으로 형수님이 꾸려나가셨다.
연구에만 몰두한 외골수라고 할 수 있다.
해외 출장을 가면 100원 단위까지 계산해서 남는 것은 국가에 반납하는 분이다.
점심때 방문하여 이런저런 얘기를 하다 보면 밤이 깊어간다.

형님 부부는 오랫동안 머물러서 이야기하고 싶어 한다.

그 옛날 북적대며 한 끼를 때우고 신세를 지고 가던 많은 사람도 발걸음 없어진 지 오래란다.

형님은 통일 볍씨를 개발하셨고 한국작물학회 회장을 하였으며 대한민국 과학기술인 명예의 전당에 헌정되었다.

# 저질러라!
- "우물쭈물하다가 내 이럴 줄 알았다."

나의 삶의 지표는 사고를 적극적으로 하며, 누리고 제치고 저지르는 것이다.

기존(旣存) 기성(旣成)을 마음 깊이 감사하고 느끼고 나눈다.

기존에 있는 것은 자연의 아름다움에 감사하는 것이다.

때가 되면 피어나는 아름다운 꽃들, 심심(深深)산골 흐르는 물, 풀잎에 맺혀 있는 영롱한 아침 이슬들이다. 마음공부가 깊어질수록 기존의 의미가 더 크게 다가오고 비중도 더 커진다. 행복의 원천은 누구에게나 나누어 갖는 기존에 기인한다. 아마도 도인들이 만나자고 한다면 심심 계곡 맑은 물 흐르는 소나무 밑에서 만남을 가질 것이고 대화의 초점은 자연에 관한 것일 것이다.

"저기 좀 보시오. 제비꽃이 참으로 예쁘게 피었잖소…."

두 번째론 제치고 살아야 한다.

인간 각자는 다양성의 주관적 삶을 사는 것이 일반적이다.

자기와 생각과 이념이 같을 수가 없다. 또 내 잣대가 남에게도 맞는다고도 할 수가 없다. 대화하되 견해차가 너무 크거나 극복하기 어려우면 그냥 제친다. 그 옛날 내가 잘못하여 큰 실수를 한 것도 참고는 하되 제친다.

연연하여 괴로워할 필요가 없다. 대신 더 많이 물 붓기로 베풀고 살면 된다.

신세 진 사람이 아니더라도 아닌 다른 사람에게 많이 갚으면 된다.

셋째. 저질러라!

저지르는 것. 인생에서 꼭 필요한 것이다.

우리는 현재를 살지만 지나간 세월을 아쉬워하며 또 미래를 꿈꾼다.

그러면서 인생을 의미 없이 허비한다. 하고 싶은 것 과감하게 저질러야 한다. 여행, 취미생활, 사랑, 하고 싶은 공부, 학습할 수 있는 조건이 옛날보다 얼마나 좋은가. 주변 눈치 보고, 참고 아끼는 것, 자기에 대한 학대(虐待)이다.

버너드 쇼 묘비명에는 이런 문장이 새겨져 있다. "우물쭈물하다가 내 이럴 줄 알았다."

꼭 새겨 당장 저질러 볼 일이다.

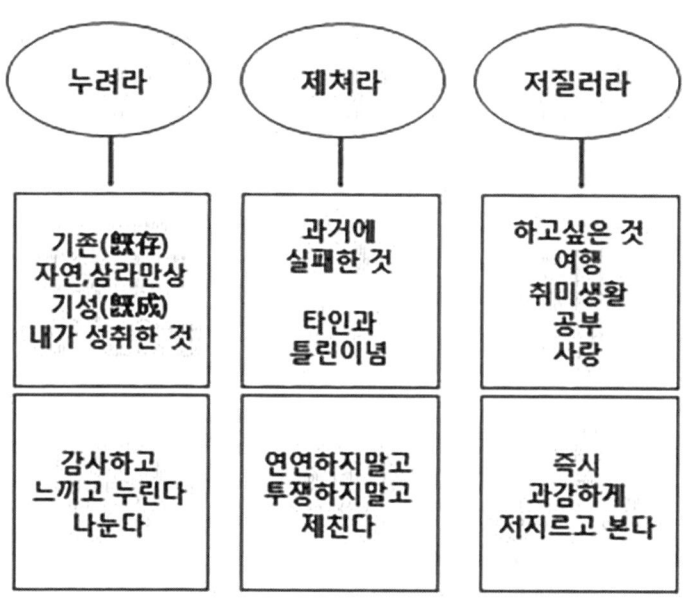

행복을 위한 삶의 지혜

# 그리움

 經濟學 原論에서 제일 처음 예제를 드는 것이 집을 소유한 사람과 그렇지 못한 사람의 비교이다.
 집이 없는 사람은 소유한 사람보다 월세를 내든가 금융비용을 지급해야 한다.
 집을 소유한 사람은 그 이익을 간과하며 살아간다.
 어릴 적 조실부모한 사람이 의외로 많다.
 부모의 사랑을 받고 성장한 사람들은 그렇지 못한 사람들이 지급했어야 할 가치의 크기를 상상조차 할 수 없을 것이다.
 부모는 자식이 성인 될 때까지 건강하게 사는 것만으로도 큰 복이다.
 설사 이혼을 해서 행방을 모른다 해도.
 시간이 많이 흘렀어도 세상을 떠나신 분에 대한 그리움은 사그라지지 않는다.

## 모두 학교에 다닌다

가족 다섯 명이 모두 학교에 다닌다.
자녀 세 명은 각각 중학교, 고등학교, 대학을 다닌다.
나는 대학원을 다닌다. 나도 회사원이며 학생이다.
아내는 교사로 아이들을 가르치러 학교에 다닌다.

## 지는 것이 이기는 것이다

아내와 논쟁을 하면 열에 아홉은 패한다.

정신 똑바로 차리고 대항하지만 서너 수만에 손을 들고 만다.

그중에는 "내가 아내 이겨서 무슨 평화를 얻을까?" 싶어 그냥 중간에 침묵하는 때도 있다. 말이 없으면 승복을 하는 줄 알고 이긴 줄 안다.

비트겐슈타인의 『논리 철학 논고』에 나오는 "言語의 한계가 나의 한계"라는 말이 생각난다.

일터에선 승률이 높은데 아내에게는 늘 패한다.

## 직장 운이 남달리 좋았습니다

SK그룹 김ㅇ근 부회장에게 업무보고 할 것이 있어 갔다.

보고 후 부회장이 말했다. 사원번호 순 직원명부 IT 조회를 해보니 내가 제일 상단에 위치했다는 것이다.

사원번호는 입사순이니 꽤 끈질기게 붙어 있는 셈이다.

입사 최고선임이다.

"직장 운이 남달리 좋았습니다."

부회장이 말씀하셨다. "아니지 전문성과 성실을 인정받은 거지…."

"'SK인(人)으로 사십 년'이라는 것, 운만 좋아서 되는 거 아니지! 승진 횟수를 세어봤나?"

"그럼요 열두 번 승진했어요."

"그럼 나하고 같은 부회장급이지. 나도 열두 번 승진했어."

김 부회장과는 인연이 아주 깊다. 많은 도움을 받고 살았다.

직급이 다른데도 언제나 격의 없이 대해주니 감사할 따름이다.

# 만학 공부의 맛

대학원 과정 정말 재미있다.

직장생활도 말년에 가까우니 웬만한 일들은 후배들에게 넘겨주고 가볍다.

그러니 공부에 더 집중할 수 있다.

배울 과목에 대해 사전에 자료를 온라인에서 많이 챙기고 등교한다.

예습을 충분히 하는 것이다.

그러다 보니 질문이 좀 많아진다. 교수님과 논쟁도 자주 한다.

교수님이 논의에서 밀리면, 교수가 흥분해서 반 농담처럼 말한다. "교수에게 밉보이면 학점 안 나가요."라고 한다.

"학점 안 주셔도 돼요. 학위도 안 받아도 되고요. 나는 환경운동 실무에 쓰려고 공부해요."

실랑이 끝에 학생들과 한바탕 웃는다. 함께하는 공학대학원생들 보통실력자들이 아니다. 각자 자기 분야에서 최고의 기술 보유자들이다.

그다음부터는 토론식 수업이 격의 없이 진행되었다.

토론 수업이 즐겁고, 내 참여도도 점점 더 늘어나게 되었다.

출석률도 높아졌다. 수업이 재미있고 즐겁기 때문이다.

만학의 공부는 또 다른 맛이 있다.

# 정리정돈의 가치

내가 아는 지인은 정리정돈을 잘 안 한다. 본인도 인정한다. 다른 것 다 잘하는데 그거 하나 못 한다고 한다.

이럴 때는 가중치에 대해서 전혀 개념이 없다.

그게 그거 하나인가?

정리정돈(整理整頓)이란?

"주변에 흐트러진 것이나 어수선한 것을 한데 모으거나, 둘 자리에 가지런히 해둔다."라고 정의된다. 직장이고 가정이고 기본적 생활 태도가 되어야 한다.

『금강경』에서는 세상에 잘난 사람도, 못난 사람도 없다고 했다. 또 더러운 것도 깨끗한 것도 없다고 했다. 하지만 정리정돈이 안 되면 정신세계가 어지럽다.

일의 능률이 떨어지고, 반짝이는 아이디어(Idea)도 반감될 것이 자명하다.

혹자는 "정리정돈이 안 되면 기(氣運)가 흩어져, 몸에서나 가정에서 좋은 기운이 빠져나간다"고도 했다.

요즘 자주 쓰는 개인용 컴퓨터나 휴대폰도 마찬가지다. 체계적으로 폴더를 정리하고 보관하고 필요 없는 것을 정리해야 효율성이 높아진다. 메모리 용량이 커지고 "찾기"로 쉽게 검색할 수도 있지만 정리가 잘 되어 있으면 능률이 더 오를 것이다. 정리정돈은 사람에 따라서 둔감한 사람이 있고 또 예민한 사람도 있다. 나는 좀 예민한 편이다. 좀 둔감했으면 좋겠다.

## 옛 동료들의 근황

자녀 결혼식이라고 청첩장이 왔다.

수년 전에 퇴직하신 이○현 상무 자녀 결혼 청첩이다.

고려대학교를 졸업한 이 상무는 내가 처음 선경합섬에 입사했을 때 한 부서에 함께 근무했다.

손님을 맞으면서도 잠깐 여담을 했다.

그 당시 여사원들의 근황도 듣고 그들과는 지금도 수원에서 만남도 있단다.

나는 선경합섬 창립 社員이다. 당시 회사는 여사원들에게 계절마다 맞춤옷을 지급했는데 참으로 아름다웠다는 생각이 든다. 깨끗했던 공장 내부도 떠올랐다.

수원에서 이 회사 유니폼을 입고 나가면 외상이 되지 않는 식당과 유흥주점이 없었다.

일본을 대표하는 테이진(Teijin) 회사와 50%씩 합작회사였는데, 준공 기념으로 출·퇴근용으로 히노(Hino) 버스 10대를 받았다. 그 차를 타고 회사 유니폼을 입고 퇴근하면 어깨에 힘이 절로 들어갔었다. 숫기 없고 패기 없었던 입사 시절이 아련하게 주마등처럼 떠올랐다.

이 상무에게 받은 번호로 연락을 했다.

처음에는 누군지? 잘 못 알아보았지만 이내 기억하며 반가워했다.

다섯 명이 정기적으로 만난단다.

거기에는 나와 같은 업무과에 근무했던 미스 박도 있단다.

당시 회사는 월급도 높고 본사 관리동 건물도 멋있어 인기가 좋았었다.

관리부서에는 매년 수원여고 상위 10위권 졸업생들을 채용했다.

역시 할머니들이 되었지만, 내 눈에는 여전히 과거의 그 모습 그대로이다.

스카이론(Skylon)으로 만든 짙은 자색 유니폼을 입고 미모를 뽐내던 여사원 모습이다. 밥도 먹고 궁금했던 수원의 소식도 들었다. 당시 사건들을 들춰내며 한바탕 박장대소를 하였다. 추억은 아프더라도 소중한 것 같다.

간만에 세월을 거슬러 갔다.

## 박사에 도전하다!

　석사과정을 마친 후.
　대학원 지도교수이신 홍○선 교수가 "기왕 공부 길로 들어섰으니 박사과정"해보라고 하신다.
　박사과정!
　봉사 활동(NGO)하는 데는 이 정도면 충분하지 않을까?
　무엇인가가 나를 마법처럼 끌고 갔다.
　박사과정(博士課程)을 시작했다.

## 상류층을 지향(志向)한다

부장만 거의 십오 년을 하였다.

내가 부장 때 뽑은 신입사원이 부장이 되려고 한다.

그만큼 나의 퇴직도 가까워진다. 퇴직하면 중산층에서 하산층이 되지는 않을 것이다.

"중산층이고 상류층"이라는 구분은 소득 수준으로 평가하는 것이 아니다. 무엇을 하는가? 내가 하는 일이 보람차고 즐거운가? 내 가족이 아닌 좀 더 큰 그림으로(大願) 사회에 이바지하고 있는가? 이런 것이 만족하면 중·상류층이다. 나는 상류층을 지향(志向)한다.

아주대학원 박사과정을 입학하고 보니 등록금이 너무 비싸다.

국립대학은 1/3로 적어진다.

국립한국교통대학교 안전공학 대학원에 재입학하였다.

환경공학에서 안전공학으로 전공도 바뀌었다. 환경과 안전은 동색이다. 환경(Environment)을 잘 분석해서 안전(Safety)하게 바꾸는 것이다. 입학 전형에서도 학점을 100% 인정해 주는 이유다.

새로운 학생들과 새로운 교수님들로 인간관계(Network)가 더 넓어졌다.

지도교수님도 아주 탁월하시다. 잘 선택했다는 판단이 선다.

새로운 환경과 새로운 인간관계는 늘 나를 설레게 한다.

# 앙코르와트

딸들이 앙코르와트 가족 여행을 가자고 했다.

아들은 군대에 갔고 딸 둘과 네 식구가 함께했다.

자유여행이다. 근속연수에 따라 추가되는 연차휴가가 어느새 한 달이 넘는다.

휴가를 쓰지 않으면 수당으로 지급된다. 우리 세대와 달리 요즘 젊은이들은 수당 지급보다는 휴가를 선호한다. 많이 변한 세태다.

앙코르와트에서 숙소는, 작은 수영장이 딸린 아름다운 저택처럼 생긴 호텔이다.

이곳에서 여행 내내 묵으며 관광할 거다. 새벽처럼 짐 챙겨 떠나는 번거로움도 없을 것이다.

나가고 싶으면 나가고 쉬고 싶으면 푹 쉬고, 먹고 싶으면 뭐든지 실컷 먹는다. 나는 수영을 좋아한다.

무엇보다 저녁 늦게도, 아침 이르게도 수시로 수영할 수 있어 정말 좋다.

거의 나 혼자 단독풀장 같았다.

딸들이 늦잠을 즐기니 우린 새벽시장을 간다.

싱싱한 채소 과일 싸게 실컷 먹고 애들 먹을 것 사 온다.

이곳저곳 주민들 생활상 시내 풍경을 오랫동안 보고 들어와도 그때까지 딸들은 쿨쿨 삼매경이다.

딸들이 기상하면 툭툭(삼륜 오토바이를 개조한 탈 것)을 호출해

자가용처럼 온종일 관광한다. 아주 효율적이다. 값도 저렴하다.
 딸 둘이 A급 가이드처럼 부모를 모시고 다니니 잘 키운 보람을 느낀다.
 관광 후 여운이 남는다. 당시 화려했던 문명의 주민들이 돌연 모두 사라진 곳. 그들은 어디로 갔을까.
 옛날 고적들이 뒤늦게 발견되는 사례는 많다.
 앙코르와트 역시 하늘 위에서 발견될 때까지 정글 속에 잠들어 있었다.

# 산소결핍(Anoxemia)

안전사고 중 산소 부족으로 사망에 이르는 경우는 의외로 많다. 사방이 막히지 않으면 산소는 어디든 존재한다는 착각을 하는 것이다.

산소 부족으로 사고가 예견되는 장소는 맨홀, 물탱크 작업, 밀폐공간에서 내연기관, 연소기구 사용 작업장, 수직갱·터널·잠함 작업 등이다.

또한, 호기성 미생물 활동이 왕성한 밀폐 작업장, 정화조, 식품저장 탱크, 물이 없는 빈 우물 등도 인명사고가 자주 나는 곳이다.

앙코르와트 주민은 한순간 증발하였다.

외부 침입이 있은 후여서, 지하로 숨었을 개연성이 있다(나의 상상력).

앙코르와트에 지하 도시가 있었다면 공조시설이 필수이며, 옛날 과학적 수준으론 장기간 생활이 불가능하였을 것이다.

산소결핍이란 우리나라에서는 산소농도 18% 미만, 미국에서는 19.5% 미만을 의미한다.

밀폐공간이란 통풍이 잘 안 되거나 산소결핍이 우려되는 작업장을 말한다.

산소결핍장소는 상대적으로 유해가스보다 관심이 적고 유해가스와 달리 냄새 등 경고가 없으며, 한 번의 사고는 곧바로 사망에 이르기 때문에 과학적 상식이 필수다.

산소결핍에 가장 민감한 조직은 뇌 부분이다.

특히 대뇌피질로서 신경세포는 산소결핍 시 순간적으로 활동을 정지한다.

산소공급 정지 후 1.5분이면 모든 활동이 회복되지만, 3분 이상이면 활동성이 회복되지 않을 확률이 높다.

산소 부족 혹은 무산소 상태에 노출되면 단 한 번의 호흡에 의해서도 폐포의 산소 분압(分壓)이 극도로 저하되고, 순간적으로 의식을 상실하거나 호흡 정지가 일어나게 된다.

호흡 정지 후 1.5분에서는 90%가 소생하지만, 점차 떨어져 5분이 지나면 25%만이 소생한다.

특수한 사람도 있다.

장비 없이 물속에서 가장 오래 버틴 사람은 2008년 데이비드 블레인이라는 사람이 17분 44초를 견딘 기록도 있다.

## '허시(虛施)'라는 방편 한 장

일과 공부에 전념하던 중 전화를 받았다.

SK그룹 손길승 명예 회장 비서에게서다. 놀라지 않을 수 없었다.

7월 1일에 워커힐 모처로 오라는 것이다. 생각해 보니 SK케미칼 창립기념일이다.

옛날 OB 임원들이 모여서 식사를 하시나 보다 하고 "숟가락 하나 더 놓아주시려나?" 하는 마음으로 늦지 않게 도착하니 반갑게 맞아주셨다.

의외로 초청자는 나 하나였다. 다시 한번 놀랬다.

손 前 회장님은 "SK그룹도 명예퇴직을 많이 시켰다."라고 안쓰러운 듯 처음 말씀을 꺼내셨다. 중도 퇴직자들을 생각하면 늘 마음이 아프셨다고 한다.

사십여 년을 근무한 나에게 "고맙고 대견하다."라고 하신다.

최고 경영층에서는 명예퇴직시킨 사원들에 대하여 마음 아파한다. 경영 일선에서 물러나면 그런 일들이 더 생각나고 아프신가 보다. 그 무렵 현역 근무자 중에는 설립자 최종건 회장님과 함께 근무하고 그 시절을 기억하는 사람은 거의 남아 있지 않았다.

점심시간 오후 2시에 만나서 저녁 9시까지 맛있는 식사를 하며 장시간을 나누었다.

가슴 깊은 감명을 받았다. 손 회장님이 어떤 분이신가.

SKMS(SK Management System) SK의 문화를 정립하신 분, SK인(人)이라면 모두 존경하는 분이다.

"허시(虛施)"라는 방편 한 장을 써주시고 금일봉(巨金)도 주셨다.

아마도 마음 비우고(虛) 보시(布施)하며 살라는 뜻일 것이다.

퇴직 후 인등산 연수원을 추천하셨으나 공부하겠노라 사양했다.

SK 사십 년의 애환을 모두 보상받은 것 같은 날이다.

비서 이○준 부장이 말했다.

"사장이나, 사장 이력이 있는 분만 불러서 식사하시는데, 나같은 비 임원과 함께한 만찬은 처음 있는 일"이라고….

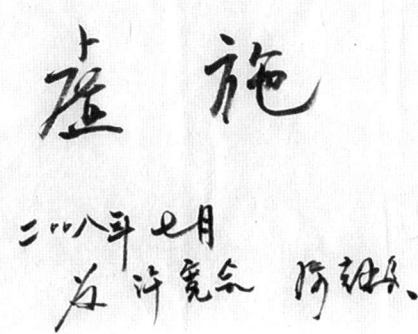

허시(虛施)
SK 손길승 명예회장이 2008년 7월 1일
허관회를 위하여 방편관행으로 내려준 글
마음을 비우고 베풂으로 살라는 말씀

# 기업문화

손길승 회장님과 만찬 후 귀가하여 많은 생각을 하였다.

설립자 최종건 회장님 시절부터 2대 회장님이신 최종현 회장님을 모시며 의기투합하시어, SKMS(SK Management System)를 만드시고 SK문화를 정립하신 손 명예회장님이시다.

그리고 주기적으로 社員 교육에 매진하셨다.

우리나라 대기업에는 사업 운이 좋아 일취월장하며 큰 기업으로 성장시켰지만, 기업문화나 창업자의 운영철학이 정립되지 않아 많은 종업원과 함께 역사의 뒤안길로 사라지는 경우가 종종 있다.

그러나 SK는 탄탄한 문화의 정립과 모든 구성원이 공유하고 합의된 운영 도구(Tool)가 있어 어떠한 시련에도 견딜 수 있다.

나도 SKMS 책 한 권을 토씨 한자 틀리지 않고 외우기도 하였다.

아내가 책을 통째로 읽으면 나는 그 목소리를 녹음해서 여러 번 듣는다. 연수원 입교 시 출·퇴근 시간을 통하여 녹음기를 통하여 또 듣는다. 따로 공부할 필요가 없었다.

SKMS에는 여덟 개의 정적요소(靜的要素), 다섯 개의 동적요소(動的要素)가 있다.

지금 생각해 봐도 SK의 다섯 개 동적요소는 정말 잘 만들어진 탁월한 작품이다.

SK의 발전 밑거름이고 원동력이다.

## 정말 다행이다

자녀 삼 남매는 나이 차가 거의 다섯 살씩이다.

맞벌이하다 보니 시간적으로도, 경제적으로 힘들어서 그리되었다.

아내와 딸들은 언어 능력이 뛰어나다. 가족이 토론하면 아들과 나는 판판히 밀리고 심지어는 지진아처럼 웃음거리가 되기도 한다.

특히 삼 남매가 모이면 아들이 막둥이라 모든 면에서 밀린다.

성장해서도 늘 아기 취급이다.

자라면서 나이 차 많이 나는 누이들이 귀엽게 대해준 것도 원인이다.

그런데 달라졌다.

막내는 ROTC를 거쳐 육군 중위이다.

삼 남매 대화에서도 전혀 밀리지 않는다.

점점 똑똑해진다. 정말 정말 다행이다.

# PH D(Philosophy Doctor)

박사과정 학기 초에 관련 과목의 책자를 Computer Word로 교과서 한 권 전체를 타이핑하였다. 내가 생각하기에도 공부에 너무 적극적이다.

그냥 읽어서는 머리에 잘 안 들어와 작정하고 입력한다.

컴퓨터에 입력하며, 나의 두뇌에게도 동시 입력한다. 대학원 과정은 이렇게 공부하였다. 타자 실력도 프로그래머 전성시대 못지않다.

입력된 자료는 학술자료에 요긴하게 쓰일 것이다.

교양과목에도 정성을 쏟는다.

무엇을 바라지 않으며 공부하는 것의 매력을 새삼 느낀다.

박사학위 받는 데 대개 오 년에서 십 년 걸린다.

나는 운 좋게 삼 년 만에 학위를 받았다.

"내가 공학박사라니." 무언가 해냈다는 뭉클한 감동이 일었다.

작고하신 농대 허문회 박사 형님의 말씀이 떠오른다.

"박사는 영어 약자로 pH D(Philosophy Doctor)이다.

공학박사건 인문학박사건 학위 과정에서 "몇백 번도 더 중간에 포기하고 싶을 정도"로 힘들어 철학박사도 함께 붙여지는 것"이라 하셨다.

그 말씀 이제야 알 것 같다.

## 논문에 언급한 "감사의 말씀"
― 공학박사 학위 감사의 글

SK에서 Re-Tire!
튼튼한 타이어로 갈아 끼우고….
SK그룹에서 사십여 년 정말 열심히 살았다.
멈추면 보인다고 하였던가!
放下, 내려놓으면 편하다고 하였던가!
하지만 배움에 대한 나의 열정은 멈추고 내려놓을 수 없었다.
아리스토텔레스는 말했다. "학습은 인생 후반부에 더욱 최선책"이라고….
야망과 온갖 욕망의 전역을 다 겪고 나서 자신과 산다는 것은 얼마나 가치 있는 것인가 자신과 더불어 사는 최고의 길!
장년의 배움은 지혜를 얻는 것이고 지혜를 일구는 것보다 더 창조적인 활동은 없다고 생각하였다.
소일할 수 있는 모든 제안을 떨치고 더 알고 싶은 소망으로 晩學의 길을 선택하였는데 돌이켜 보면 卓越한 선택이었다.
오랜 직장생활에서의 경험과 학문을 조화시켜 자신을 수신하고, 大願의 뜻으로 안전 환경의 무한한 영역에 一助를 하겠다는 신념으로, 아주대학원에서 환경공학을, 본원에서 안전공학을 공부하였으니 이제 그 기초를 닦은 셈이다.
벅찬 감회를 느끼며 뒤늦게나마 공부할 수 있었던 나의 환경에 감사하고 물적 양적으로 도움을 주신 여러분께 감사의 말씀을 올린다.

부족한 저에게 눈높이로 맞춰 세세하고 차근하게 맥을 짚어 가르침 주신 지도교수 안형환 교수께 무한 감사를 드린다. 늦은 공부임을 고려하여 별도의 교재를 선정 시간을 할애하신 본교 학과 교수님들께 깊은 감사를 드립니다.

環境 毒性이 밝혀지려면 이백 년 후에도 무서운 결과가 나올 수 있다는 아주대학원의 권정환 교수! 감명 깊은 학문이었고 향후 안전 환경 독성 연구에 더욱 정진할 것이다. 지구환경에 중요성과 작금의 심각성을 가르쳐 주신 이상은 교수, 홍민선 교수께도 감사를 드립니다.

아울러 참 기뻐하실 허문회 형님(前 서울대학교 농학과 교수), 은사 남상기, 한성택 선생님께도 고마움 전한다.

빼놓을 수 없는 큰 소득! 友 Tech!

배움의 길로 들어서며 함께한 소중한 동문수학의 벗님들 나에게는 정신적 스승님이신 행복마을 이사장님!

"환경 안전을 생각하면 이 시대의 최고의 가치인 영성운동도 할 시간이 없다"고 힘을 돋아주신 용타, 대화 큰 스승님께도 감사의 말씀을 전한다.

中略 나의 사랑스러운 가족에게도 더없는 사랑 표현을 한다.

아직도 공직에서 씩씩하게 일하며, 내가 하는 일에 기꺼이 박수를 보내준 아내, 다소간 귀찮을 법한 부탁들… 리포트, 설문, 논문, 학술자료 정리를 도운 딸 윤선, 문선, 군 복무를 하는 재녕 중위에게도 기쁨을 함께한다.

항상 부족했던 나! 한때 자신감 없어 움츠러들었던 나!

고뇌가 많았으나 이제는 이렇게 큰 혜택을 받았으니, 우선 주어진 강단에서의 학부 강의를 정성껏 잘할 것이며, 목적을 함께하는 분들과 안전환경정책연구에도 매진하겠다.

경력과 본 학위를 바탕으로 사회에 이바지하는 데 더욱 정진할 것을 다짐한다.

# 무경계(No Boundary)

동사섭 정신적 영성 스승님께서 선물을 주셨다. 아주 큰 선물 『무경계』 책이다. 줄을 그어가며 단숨에 읽었다. 마음공부 하는 도반으로 많은 도움이 되는 길잡이다. 저자인 켄 윌버가 23세에 쓴 책이라 하니 젊은 나이에 놀라울 따름이다.

의식의 세계를 대중적으로 풀어냈다. 원본은 더 어렵고 심오할 것 같다.

내용에서 "우리는 몸 마음 성격 등이 진정한 자기를 이루고 있다고 상상하면서 그런 대상과 동일시한다"고 습관의 우(愚)를 지적한다. "그리고 그저 환상에 불과한 것을 방어하고, 보호하고, 연장시키려고 애쓰면서 자신의 전 생애를 소비해 버린다."라고 안타까움을 표한다. 이 얼마나 귀하고 자신을 다시 보게 하는 언급인가! 정신분석에서 선(禪)에 이르기까지, 실존주의에서 탄트라에 이르기까지 동서양의 여러 심리학과 치료법을 안내하는 포괄적인 지침서이다.

순간에 대해서도 말한다. "인간은 현재를 살지 않고 과거를 비판하거나 자신을 둘러싼 풍요로움에서 무관심한 채 습관적으로 과거로 돌아가는 눈과 함께 미래를 미리 보기 위해 까치발을 한 채 서 있다."라고 현재를 살지 못하는 사람을 질타한다. 인간은 현재 속의 자연과 함께 살 때까지 행복할 수도 강해질 수도 없다는 것이다. 모든 경계를 없앰으로써 인간의 능력을 확대해 나갈 수 있다고 구체적인 실천방법을 알려주는 지침서다.

경쟁하며 발전하는 것이 인간 구조이기도 한데, 그러면 인간 사회는 좀 느슨해지는 것은 아닐까? 효율 위주에서 좀 느슨해지는 것이 답일 수도 있겠다.

감사합니다. 대화 스승님!

## 더 많은 사랑

은퇴 삼 개월 전 SK C&C 윤석경 사장이 특별한 은퇴식을 해주었다.

장기근속자에 대한 배려 같다. 이제는 정든 조직을 떠나야 하나 보다. 은퇴의 때가 온 것이다.

특별 상패와 전별금으로 큰돈을 받았다. 생각지도 않았던 이 공로금을 어디에 보람되게 쓸지 고민해 봤다.

SK C&C는 SK그룹 관계사 전산실을 모두 모아 설립한 IT 전문회사이다.

C&C란? Communication and Computer Systems이다. SK그룹 경쟁력을 높이고 Buy Gain Power도 도모하기 위해서다.

한 회사가 IT Soft Ware를 3천 Copy를 사면 50% 할인을 받는다면 1만 Copy를 사면 80%를 할인받는 특별 할인(Power)이 있는 것이다. 어디든 단체로 사면 많이 깎아주는 원리와 같다.

물론 Top Manager나 Owner의 입장에서는 다른 셈법이 있을 수도 있을 것이다.

그러고 보니 회사를 옮겨 관계사 전출된 지도 십 년이 넘었다.

뿌리는 SK케미칼이다. 아무래도 그곳이 정이 더 간다. SK C&C는 사업전망이 밝다. 한동안은 어려움이 없이 탄탄대로로 성장할 것이다.

그래도 나는 SK케미칼을 더 사랑할 것 같다. 퇴직 후에도 말이다.

은퇴식(SK C&C 대표 윤석경 사장과 함께)

# 참회록

　얼마 전만 해도 정들었던 직장을 떠나면 모든 생활이 급전직하할 것이고 우울할 거로 생각했다. 그러나 동요가 없고 편안하다.
　회사를 떠나도 할 일이 있고 목표가 있어서 그럴 것이다.
　직장생활 중반까지는 욕망만 넘쳐서 내달리기만 했다.
　정체성이 없어서 그랬다.
　나로 인해 힘들어했을, 스쳐 간 모든 직장 동료들에게 참회하며 용서를 구한다. 생각해 보면 정말 잘못한 것이 많다.
　동사섭을 만나고 내 삶은 확연히 달라졌다.
　가끔 일어나는 탐하고, 화내고, 어리석은 짓 탐진치(貪瞋痴)에 대하여 지행득(知行得)하지 못하고 있지만, 마음공부 수심으로 또 동사섭 지도자님들을 떠올리며 자제하고 있다.

## 퇴직

시간은 쉬지 않고 흘러 정들었던 SK와 작별하였다.

작별하였어도 나에겐 영원한 고향이 되겠다.

회사에 감사하고 나에게도 큰 박수를 보낸다. "고맙습니다!"

내가 스포츠를 좋아하니 아내가 은퇴기념으로 골프회원권을 사준단다.

비싼데? 집에서 멀어도 저렴한 것을 찾아보았다.

회원권은 비싼 게 좋을까?

옛 직장 동료가 추천해 주어 경기도 안성에 있는 값도 적당하고 나에게 딱 맞는 회원권을 샀다.

알고 보니 지인들이 이곳의 회원권을 다수가 가지고 있다.

비싸고 가까운 곳이 좋은 것이 아니라 친구들이 회원권을 많이 가지고 있는 곳이 최고다. 내가 회원이 됨으로써 도합 여덟 명이 되었다.

두 팀이 재미있게 운동하면 되겠다고 기존 회원들이 좋아한다.

언제든 필드에 나갈 수 있고 회원들이 마음에 맞으니 편하다.

모두 회원들이니 회비도 부담이 없다.

처음 자동차를 구매했을 때처럼 좋다.

3장

다시,
인생 2막

## 기업인에서 교수가 되었다

　운이 좋아 퇴임과 동시에 교수가 되었다.
　대기업에서 오랜 경험을 바탕으로 산학(산업과 학문)을 접목(椄木)하여 강의를 하게 되었다.
　강의 분야는 작업환경측정과 산업 위생학이다.
　나에게 자료는 무궁무진하다.
　학과 교수들은 SK에서 40여 년 경륜(Spec)이 현실에 적합하다고 한다.
　국립대학에서는 현장 경험이 많은 고위 공직자, 대기업 경륜자 등을 산학교수로 활용한다. 대학생들이 졸업 후 실무에 대한 적응을 돕고 취업 활동에 조언을 주기 위함이다.

# 눈이 반짝이며 질문이 이어진다

학부 강의 대상은 3학년 2학기에서 4학년 1학기까지가 범위이다.

주간과 야간학부도 맡는다.

처음 한동안은 3학점 3시간을 한 번에 강의하는 게 무척 힘들었다. 목도 아프고, 다리도 아프고… 중노동이다.

그러나 학생들은 가장 중요한 시기이고 취업이 절실한 상태다.

최선을 다해서 내가 가지고 있는 장점을 최대한 발휘해야 한다.

강의 자료는 파워포인트(Power Point)로 만든다.

MS Office 작성 실력은 SK 시절 숙달된 조교다. 강의 자료 준비하는 것만큼 행복한 게 없다. 자료 찾고, 작성하고, 모양내고, 수정하여 다듬는다. 그러면서 토의해야 할 항목 등 핵심점을 어떻게 숙지시킬지를 정리한다. 학생들과 함께하는 것은 즐거움의 반복이다.

준비하는 과정이 나에게는 행복이고 나의 공부이다. 시간 가는 줄 모르게 바쁘다. "가르치는 것이 배우는 것이다."라는 말이 실감이 난다.

SK 사십 년 관리부문에서 항상 실무자로 일을 하였기에 이 또한 수월하다.

무엇이든 혼자 자기완성(Self Work)이 가능하기 때문이다.

작년에 쓴 강의 자료 올해에도 수정 사용하는 것은 나에게 없다.

새로운 마음으로 새로 작성한다.

그날의 단원과 관련 있는 최근 시사(時事)도 가미한다.

취업 정보와 인문학도 한 장씩 삽입한다.

질문을 유도해도 묵묵부답이던 학생들도 이 대목에선 눈이 반짝이며 질문이 이어진다.

## 물욕(物慾)인가? 정감(情感)인가?

한가한 일요일 아침이다.

오전에 일과가 비어 있으면 집 앞 중앙공원으로 간다.

코스를 마치고 돌마각 광장을 거니는데 늘 만나는 산책인들이 부른다.

커피 한잔하고 가라 하는 것이다. 이분들은 산책 시 자주 만나다 보니 친근감을 준다. 나는 이분들을 딱히 부를 호칭이 없어서 김 사장님 이 사장님 이런 식으로 부른다. 대부분이 나보다 열 살 정도 윗분들이다. 나보고 지금 뭐 하냐고 하면 그냥 집에서 논다고 한다.

논다고 하니까 운전 좀 해주겠냐고 한다. 무슨 말인지 몰라서 의아해하니까 본인은 "벤츠 최고급 차가 있는데 시력이 안 좋아 운전을 할 수가 없다."라고 한다. "사모님과 함께하시지요?" 하니까 자기는 집에서 따돌림을 받고 있다고 서러워한다. 전직 은행원이고 재산형성도 빵빵하게 잘했는데 아들 사업자금으로 거의 소진했단다. 더 안 준다고 모자가 합심해 냉랭하다고 한다.

마지막 비자금을 유지하려고 전투 같은 삶을 사는 것 같다.

그는 또 말한다. 좋은 차가 식구대로 있는데 자기 차는 일 년에 200km 정도만 썼다고 한다. "아니 그러면 빨리 파시고 이동할 때엔 택시를 타시지요?"

논리적으로는 그래야 하는데 애착이 가서 못 팔겠다는 것이다. 집에서 키우는 개와 같아서 차도 준생명체 같다고 한다.

이것은 지독한 물욕(物慾)인가? 물체에 대한 정감(情感)인가?

암튼 쓰지 않고, 먹지 않고, 지독하게 돈을 벌어서 노후에 멋지게 살아보려고 했는데 "건강이 생각보다 빨리 망가졌다."라고 한다. 차가 최고급이면 뭐하겠냐고 운전도 할 수 없어 바닷가도 갈 수 없고, 풍경도 볼 수가 없다고 탄식한다. 돈은 소득에 비례해 그때그때 써야 한다. 그래야 경제도 좋아진다.

미래는 보장되지 않을 수 있다. "Here and Now", 곱씹어 볼 일이다.

오늘은 산소에도 들르고 어머니도 좀 뵙고 와야겠다.

## 우리 어머니

아버지가 돌아가신 후, 어머니는 막내와 같이 사신다.

부친께서 돌아가시기 전, 법원 근처에 점포가 세 개 딸린 3층짜리 건물을 마련해 주셨다. 월세를 받아서 생활하라고 그리하셨다.

내가 산소(선산)를 다녀온 후 들르면, 누구보다도 반가워하신다. 감추어 두었던 맛난 음식들도 모두 꺼내 먹으라고 권한다.

나를 보면 지난 세월이 주마등처럼 펼쳐진다고 하신다. 큰아들은 나의 인생에 필름(Film)이라고도 한다. 하기야 어머니 인생을 제일 잘 아는 것은 나다.

한참 동안 옛날이야기를 하다 보면 장단이 척척 맞는다. 좀더 나가면 아버지 흉으로 이어진다. 어찌 부친에 대한 서운함이 없겠는가! 그러면서도 아버지에 대한 그리움과 사랑이 교차하신다.

어머니는 출가하신 후, 어려운 환경에서도 불굴의 강인함으로 헌신하시며 사셨다.

한때는 죽으려야 죽을 수도 없을 정도로 고통스러운 인고(忍苦)를 감내해야 하셨다. 이유는 가난한 가정에 우리 다섯 남매와 몰락한 남양 홍씨 종갓집 삼 남매들의 부양 때문이었다. 그때의 절박한 심정을 누군들 알겠는가!

나는 명절이면, 아이들과 세배를 꼭 간다. 나는 아이들에게 할머니의 힘들었던 시절을 말하고 어머니께서는 나의 혹독한 시련을 언급하신다.

기구한 운명, 소설을 써도 소재가 될 만한, 한 여인이시다.

만약, 소설에 도전한다면 어머니 주변이 중심점이 될 거다.

## 교수이며 또 학부 학생이다

학생들에게 좀 더 집중할 방법은 없을까?

강의 끝부분에 인문학 자료 한 페이지(1 Page)는 토론의 마중물이다. "이번 강의 말미엔 무엇일까?" 학생들은 궁금해한다. 이 자료가 강의 전체를 깨어 있게 할 수도 있다.

공과대학에선 인문학을 간과해선 안 되고, 인문학에서 IT 등 이과원리를 가미해야 한다.

SK 부서장 시절 신입사원이 이과 출신이면 부기(簿記)학원을 보내고 문과 출신은 IT 학원을 퇴근 후에 보냈었다. 교육비는 모두 대준다.

요즘 제조 상품에도 인문학이 녹아들어야 가치가 높아지고 소비자에게 사랑을 받는다.

나도 인문학 지식이 낮아 또다시 학부에 지원했다.

교수이며 학부 학생인 셈이다.

방송통신대학교 문화교양학과 3학년에 편입했다.

신화의 세계, 여성의 삶과 문화, 근대화와 동서양, 문화산업과 문화기획과 같은 과목은 창업하고자 하는 학생들에겐 필요한 내용이다.

우리 학교에는 창업융합과정을 위한 센터(Center)가 있다. 개강을 앞두고 학생들에게도 특강을 하였다. 이럴 때도 문화기획 편을 참고하면 자료가 더 매끄러워진다.

내가 문화교양학과에 학부등록을 하는 것을 보고 아내도 덩

달아 중어중문학과에 편입했다.
 부모의 솔선수범이 자녀에게 큰 교육이라 했던가?
 참 좋은 길라잡이가 되었다.

## 거스르면 더 힘들다

아내가 말했다. "강의는 할 만해?"

"SK에서 IT 업무를 수행한 것이 많이 도움이 되네."

아내가 또 한마디 한다. "요즘 컴퓨터 모르면 아무것도 못해. 그때 힘들다고 투정 많이 했었지 당신, 울산에서 올라오면서 말이야."

나는 생각한다. "그래도 거기 눌러앉았으면 삶의 질이 훨씬 좋았을걸."

인생에서 두 갈래의 길이 올 수도 있다.

울산 생활은 지금 생각해도 천국 같은 사업장이었다.

내 인생에 코스모스 활짝 핀 간이역이었다. 인생의 여정은 아무도 모른다. 선택할 수 있지만, 그 선택이 꼭 맞는다는 보장도 없다. 그리고 쉽고 편안한 길이 최고라고 할 수도 없다. 기업에서 독야청청은 좀 그렇다.

조직이 필요로 하면 하는 것이고, 또 유연해야 한다.

그냥 그렇게 물 흐르듯 사는 거다.

거스르면 더 힘들다.

그러고 보니 울산 시절 모시던 과장님들 생각이 난다.

관리부에는 업무과, 자재과, 인사과, 경리과가 있었는데 내가 모시던 세 개 과의 과장님들이 모두 대표이사 사장이 되었다. 업무과 남 과장님은 SK이노베이션 사장, 자재과 김 과장님은 ㈜워커힐 사장, 인사과 조 과장님은 SK케미칼 사장을 하셨다.

나에게 많은 도움을 주었던 경리과 존형은 이노베이션 사장을 거쳐서 부회장이 되셨다.

　울산사업장의 지력이 좋았던 것일까!

　그때는 내가 몰랐지만, 탁월한 분들에게 일을 배웠던 것이다.

# 부조화 속의 조화(造化) II

아내와 나는 모든 것이 반대다. 그는 문과(文科)고 나는 이과(理科)다.

나는 운동을 좋아하지만, 아내는 독서를 좋아한다.

나는 추운 것을 못 참지만, 그는 열이 많아 더운 것을 못 참는다.

나는 내가 운동을 하는 것을 선호하지만, 그는 운동경기를 관람하는 것을 좋아한다.

프로야구 원년에 동대문 운동장 OB 베어스와 MBC 청룡 경기 관람도 갔었다.

특히 아내는 운동경기 관람광이다.

골프를 치지 않지만, 골프 중계 시청을 하느라 밤을 새운다.

아내는 술을 잘하지만 나는 약하다.

보통 사람은 스타플레이어(Star Player)를 응원하지만, 그는 생애 처음 우승하는 자에게 환호한다. 그건 나도 마찬가지다.

사사건건 의견 대립이 되지만 살아가는 데는 지장이 없다.

역시 부조화 속의 조화(造化)라고나 할까!

## 창업과 취업

내가 가르치는 학생들이 3학년이 되었지만, 학생들은 여전히 진로를 확고하게 잡지 못하고 있는 것 같다.

"창업과 취업"

공과대학을 진학하는 것은 창업이 우선되는 국가정책이어야 한다.

선진국 학생들은 창업하려고 공대를 간다.

우리 학교 취업 선호는 공과대학생에게 유리한 기술직 7급, 그리고 기업에 입사하는 것이다.

나는 제안한다.

창업은 머릿속에 계속 그리되 취업해서 조직 생활을 일단 경험하라고 조언한다. 초기 창업자가 사회 생태를 모르고는 우리나라에선 실패하기가 쉽다.

조직에서 인간관계, 재무회계, 마케팅 등을 익혀야 한다.

학생창업자가 초기에 실패하는 것!

재무제표의 이해, 유통구조의 근시안(近視眼), 감가상각비, 대손충당금, 기회비용 등을 간과하는 것이다.

## 많이 늦었지만

오늘이 前 농대 문회 형님 기일(忌日)이다.

은퇴 후 수원 팔달산 산책을 유일한 낙으로 사셨는데 귀갓길에 차에 조금 받히셨다고 한다. 그 후유증인지 2층 서재에서 책을 읽다가 정신을 잃었는데 그 후 깨어나지 못하셨다. 병원에서 일 년쯤 고생하다가 돌아가셨다. 그렇게 한국이 낳은 석학이 몇 년 전 운명하셨다.

며칠 전부터 제사 날짜를 기억하며 시간을 비워두었었다.

일과를 끝내고 서둘러 제사에 참석하려고 달렸다. 요즈음은 형수도 매우 아프셔서 참석을 못 하는 지경이 되었다. 당연히 가야 할 형수가 아들네 집까지 거동도 어려우신가 보다. 함께 하지 못한다고 연락이 왔다. 만감이 교차한다. 한잔 올리며 속으로 고했다.

"형님, 많이 늦었지만, 형님께 다짐했었던 약속은 어느 정도 지켰습니다.

분에 넘치는 이득을 취하지 않았으며, 정의롭게 살려고 노력했고, 나름 성실하게 생활하였습니다. 형님이 평가하기엔 50점도 안 되겠지만요."

돌아오는 길 발길이 가벼운 것을 보니 형님께서 "그 정도면 잘한 거다."라고 하시는 것 같다.

이날도 달이 휘영청 밝다. 달과 그리운 사람과 삼각 구도를 그리며 귀경을 한다. 올라오는 길 내내 그 달님은 친구가 돼주었다.

# Stock Level(適正線)

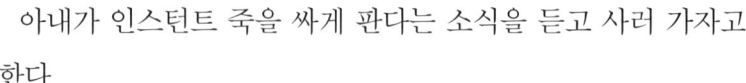

아내가 인스턴트 죽을 싸게 판다는 소식을 듣고 사러 가자고 한다.

30% 할인가격으로 하나에 600원의 이익이라고 한다.

백 개를 사겠단다. 6만 원을 벌었다고 좋아한다.

나는 천 개를 사서 60만 원 벌지 그랬냐고 했다.

"여자는 꼭 필요하지 않은 1천 원짜리 물건을 800원에 산다. 남자는 꼭 필요한 천 원짜리 물건을 1천 200원에 산다."고 한다.

나는 울산 자재과에서 자재관리를 할 때 자동발주관리를 개발했다.

김○길 자재과장을 모실 때 품의(稟議)하고 시행하여 좋은 관리기법이라 호평받은 적이 있다.

공장 가동에 필요한 Spare Part에만 적응하였다.

원·부자재는 민감하여 제외하였다.

여기엔 재고저장비용, 금융비용(機會損失), 자재 고갈(枯渴)시 제때 공급하지 못하는 위험요소 등이 고려되며 공급업체와 완벽한 계약으로 조달기간(調達期間)을 고려해야 한다.

자동으로 발주 점(Point)에 도달하면 적정량이 자동발주(自動發注)되는 것이다.

창고 규격(Item)별 카드 수불 정리에서 재고가 떨어져 일정한 양에 도달하면 구매승인 없이 즉시 자동으로 발주가 이루어지는 제도이다.

향후, 내가 전산부서에 전출하여 전산화도 하였다. 실시간(Real time)으로 진행되게 시스템(System)화하여 효율을 기하였다.

그때 품의서 제목이 "자재관리 효율화를 위한 Stock Level"이었다.

인간의 재산욕, 명예욕, 인정받고 싶은 욕 등 인생의 삶도 자기 나름대로의 욕심 레벨인 Stock Level을 정하여야 한다.

욕심이 많아서 파멸의 우(憂)를 범하지 말아야 한다.

우수하고 명망이 있는 인사들이 이를 간과해서 말년에 모든 것을 잃는 사례가 있다. 무조건 쌓아놓으려고 하는 심보! 경계해야 한다.

## 조직의 유연성

나는 학생들에게 대기업을 추천한다.

예전에는 대기업에서 소위 서울대, 연고대 등 명문 학생을 채용했지만, 요즈음은 다르다.

스펙(Specification)을 중요시하지 않는 게 요즘 추이다.

그리고 정부에서도 이를 금지하고 있다.

나는 지인들의 연락망(Net Work)을 통해서 대기업 인력 담당들을 만나보았다.

대기업 인력관리실장들에게 들어보니 전국 지방대학에서 골고루 합격해서 일하고 있다고 했다.

명문대 학생만 선발했을 때와 회사 운영되는 것은 전혀 지장이 없다고 했다.

오히려 더 잘 돌아간다고 한다.

사실 명문대 출신들은 아집 고집 자기 우월성만 믿고 협업에는 좀 미온적이다. 자기 주관대로 밀고 가려고만 한다. 자기가 아니면 안 된다는 생각이 지배적이다. 요즘은 그것이 조직의 장애가 될 수도 있다.

내 생각에도 특수 연구직만 고급인력을 쓰면 될 듯하다.

조직은 시스템(System)으로 운영되는 것이다.

여기에는 IT 기술발전도 한몫한다고 본다.

# 논술심화과정(論述深化過程)

나는 학생들에게 과제(Report)를 자소서(自己紹介書)로 작성하게 한다.

대기업 1차 관문은 자소서다.

각자 SWOT(Strength(장점), Weakness(단점), Opportunity(기회), Threat(위험) 분석을 하여서 표절 없이 自己만을 위한 진솔성이 나타나도록 쓰게 한다.

A4용지 열 장을 쓰라고 한다.

중간고사 후 2차 과제에선 다섯 장으로 압축하라고 한다.

공무원을 응시하고자 하는 학생도 구체적 시행계획서를 내라고 하였다.

학생들은 취업 방향이 좀 더 구체화되어 간다.

대기업그룹 → ○○회사 → ○○회사의 재무구조 → 기업문화 → 예년의 채용인원, 출제방법 등 성공하기 위해선 한 발짝 먼저 알아야 한다. 나는 리포트 제출하면 만점을 주지 않는다.

내용을 자세히 살피고 양을 채웠어도 10점 만점에 2점짜리도 있다.

자소서를 쓰라고 하니 인터넷 뒤져서 조금 바꾸어 제출한다. 그래서는 취업 못 한다. 자기 색깔을 드러내야 한다. 그런 거 안 보고 진솔하게 작성해야 한다.

왜 이 직업인가? 자신의 적성과 기업·직무 충분히 고려해야 하고 모의 질문할 것을 노트해야 한다. 지원 동기는 100% 준비해야 한다. 또한, 자소서 작성 때부터 자신감이 매우 중요하다.

미국 하버드 대학교의 글쓰기 교육은 혹독하다. 신입생이 되면 입문과정인 "논증적 글쓰기"의 학점을 필수로 이수해야 한다. 이후에는 논술심화과정(論述深化過程)으로 넘어간다. 백오십여 년 이어오는 전통이라고 한다. 전문지식과 논리력, 표현력을 향상시키는 것이다.

아무리 학점이 좋고 머리가 좋고, 아는 게 많으면 뭐하겠는가?

표현하는 기술(skill)이 없으면 인정받지 못하는 것이다.

언어의 한계가 나의 한계라는 말이다.

# 스펙 넘어 창조인재

기업들의 신입사원 선발 방식이 바뀌고 있다.

자기소개서로 1차 선발, 2차 적성검사, 블라인드 면접으로 최종 선발하는 방식이다. 10대 그룹 인사담당 임원들은 "스펙을 초월하는 방식의 채용은 일시적인 유행이 아니라 창조적이고 우수한 인재를 채용하기 위해 나아가야 할 방향"이라고 입을 모아 말한다. 스펙 초월 채용 확산에 적극 동참하겠다는 의사를 밝힌 것이다.

현대자동차그룹은 인턴이나 상시 채용 규모를 확대하겠다고 밝혔다. 또 면접을 강화해 지원자의 역량을 집중적으로 검증하기로 했다.

SK그룹은 상반기에 오디션 방식으로 인턴을 선발하는 "바이킹 챌린지"를 실시한다. 개인별로 자기소개 프레젠테이션을 평가해 인턴으로 채용하겠다는 것이다. 특히 "프레젠테이션 실력이 뛰어난 지원자들은 하반기 공채 때 서류전형이 면제된다." 라고도 발표했다.

LG그룹은 입사지원서에 사진이나 가족관계 등을 기재하지 못하게 할 예정이다. 롯데그룹도 학력과 나이, 학점, 외국어 점수 등에 대한 제한을 두지 않는다고 했다.

포스코그룹은 채용 연계형 "챌린지 인턴십" 제도를 시행한다. 지원자들은 지원서에 학력과 학점, 어학 점수, 사진 대신 자신을 설명하는 에세이를 써내야 한다.

현대중공업그룹은 인·적성검사를 개발해 직무역량평가 중심의 채용을 실시할 계획이다. GS그룹은 색다른 경력을 보유한 지원자를 우대하거나 블라인드 면접을 시행하는 등의 방식으로 다양한 인재를 뽑겠다고 밝혔다.

한진그룹은 지원서에 병역사항과 해외연수 여부 등의 항목을 삭제할 예정이다. 한화그룹은 인·적성검사를 폐지하고 이력서에 가족관계나 종교 등의 항목을 없앤다. 대신 면접을 강화할 방침이다.

기업 임원들은 "기업들도 스펙과 업무역량이 반드시 일치하지 않는다는 것을 알고 있다"며 "오히려 지원자들이 기업들은 요건만 본다고 오해하고 있어 안타깝다"고 말했다. 이러면 지방대학이나 일류대학이 아니라 미리 포기한 응시자들도 희망을 품고 도전할 수 있을 것이다.

사실 기업에서는 시스템으로 일을 하므로 기초실력만 갖췄다면 일하는 데 지장이 없다. 오히려 일류대학교 학생들만 선발하면 특유한 고집으로 화합이 안 되는 수도 있다. 인성이 좋고 직장인으로서의 자세가 더 중요하다 하겠다. 다만 연구 분야는 스펙도 중요하다. 그리고 탁월한 실력자가 채용되어야 할 것이다.

## 직장에서 부적응 현상

학교에서는 탁월하였던 모범생이 직장에서 어려움을 겪는 사원들이 종종 있다.

적응(Adjustment)이란 사람이 환경과 조화로운 관계할 때의 인격 상태이며 부적응(Maladjustment)이란 자기의 욕구를 사회적 환경에 원활하게 조정하여 유연한 방법으로 처리하지 못하는 경우를 의미한다. 직장에서 부적응 현상은 여러 형태로 나타난다.

### 1) 공격(Aggression)

과격한 행동이나 파괴적 행동을 의미하며, 예로서 경영자에 대한 필요 이상의 비판,

악의 있는 다툼, 정치성의 도전적 태도, 결근 및 신경증 등이 있다.

### 2) 퇴행(Degeneration)

당면 문제를 진지한 태도로 해결하지 않고 유년시절의 정신상태로 되돌아가려는 행동 반응을 말한다. 예를 들어, 일이 잘 안 풀릴 때 신경질적 발작을 하는 경영자나 감독자, 특정 사람이나 조직에 맹목적인 충성, 감정적 통제의 결여, 유언비어에 쉽게 빠지는 행위들이다.

### 3) 고집(Fixation)

목표 실현이 불가능함을 자인하고도 종전의 과오를 반복

하여 행동을 고착화하는 것을 말한다. 예컨대, 새로운 생각과 방법에 대해 맹목적 부정의 태도를 보이고 종전의 습관을 따르고 개선하지 않는다.

4) **체념**(Resignation)

기대된 성과에 못 미치거나 만족할 만한 성과를 얻지 못하였을 때 단념하는 현상을 말한다. 비전을 잃고 다른 사람을 믿으려 하지 않으며 조직 전체가 사기 저하에 빠지게 한다.

5) **구실**(Pretext)

자신의 과오를 어떤 방법이든지 정당화하려 한다.

6) **작업 도피**(Evasion)

자기에게 부과된 일을 회피하려 한다.

이런 부적응은 구성원 자신에게 바람직하지 못한 것은 물론이고 조직 전체로서도 커다란 손실을 초래한다.

# 성공은 먼저 알고 준비하기 때문

학생들 과제(Report)를 채점하고 첨삭(添削) 지도도 하였다.

여든여 명이 넘는 자료를 첨삭 지도하다 보니 내 시간이 너무 없다. 자는 시간을 활용해야 하니 너무 힘들다.

다음부터는 주변 지인을 활용하여 반복해서 보완(Level Up)하라고 해야겠다.

자기소개서 등 취업 자료를 미리 해놓으면 4학년 때 훨씬 수월해질 것이다. 지금부터는 친구도 좀 멀리하라고 했다. "우리 취업 후 만나자"라고 서로에게 약속하고 취업에 전념하자고 맹약해야 한다.

물론 대학 생활에서 친구가 얼마나 중요한지 안다. 하지만 제때에 취업하지 못하면 감당하지 못할 어려움에 직면할 것이다. 후배들과도 경쟁해야 한다. 친구들이 먼저 취업해서 떠나면 기존 친구와도 거리가 멀어진다. 좀 더 시간이 지나면 부모에게도 쑥스러워진다. 여태 생각 못 했던 부모와 형제들에게도 눈총을 살 수도 있다. 그들에게 짐이 될 수도 있다.

늘 높은 목표를 세우라고 한다. 그러면 해야 할 과제도 태산이 된다.

학생 중에는 취업하는 경로 절차(Process)도 모르는 학생도 있다.

이후 실제로 우리 학교 학생들이 대기업 입사자가 많이 늘었다.

졸업생들의 안부 메시지(Message)가 나를 보람차게 한다.

가르치는 사람으로 그보다 더 보람찬 것은 없을 것이다.

成功出于衆者, 先知也(성공출우중자, 선지야). 경쟁자보다 성공을 거두는 것은 먼저 알고 준비하기 때문이다.

# 친구란
– 학생들과 친구의 개념을 토의하다

스스로 먼저 좋은 친구가 되어라!

승-승(Win-Win)의 자세를 취하고 정보를 공유해야 한다.

아픔과 어려움을 함께하고 용기를 북돋아 주는 관계를 형성하라!

행복해하는 친구를 가까이하라! 맨날 징징거리는 친구는 상대의 에너지를 뺏어간다.

친구에게 너무 큰 기대를 하지 말아야 한다. 기대가 크면 실망도 크다.

가까운 친구일수록 예의를 지켜라!

친구 간에 갈등이 일어나면 먼저 인내하고 베풀어라!

언제나 진실된 말만 하려고 노력하라!

"정성을 다하고 마음을 다하는 사람은 결코 말싸움하지 않으며, 말싸움을 좋아하는 사람은 결코 정성을 다하고 마음을 다하지 않는다.

진실된 말은 즐거움을 주지 못하며, 즐거움을 주는 말은 결코 진실되지 못하다."

노자의 말이다.

# 잘 조화된 여행

아주대학교 대학원 시절 마음에 맞는 대학원 동기들을 많이 알고 있다.

내가 원우(院友) 초대회장을 하였다.

인간관계(友 Tech) N/W, 공부 외 또 다른 추가소득이다.

살아가는 삶은 인간관계 형성의 연속인 것 같다.

이들은 이해관계를 떠나서 같은 생각을 지향하는 친구인 셈이다.

연배가 나와 비슷한 대학원 동기도 꽤 있다.

향학도가 의외로 많은 데 놀라기도 하였었다. 이들은 한결같이 사회적으로 왕성한 활동을 지금도 하고 있다.

대학원 동기였던 김○래 부사장은 나이도 비슷하고 말도 잘 통했다.

○○엔지니어링 부사장이고 건축기술사다.

부부동반 여름휴가를 함께 가자고 제안했다. 흔쾌히 동조하였다.

흔히 다니던 길을 포기하고 중부내륙으로 여유 있는 휴식을 취했다.

제천, 영주, 삼척, 울진, 영덕, 안동 고적과 유명인사의 생가들을 답사했다. 시간과 마음이 맞으니 시간에 구애받지 않고 시골길 구석구석을 답사하였다. 역시 여행은 마음 맞는 사람과 가야 한다.

주왕산도 들려서 싱싱한 송이도 맘껏 먹었다.

주왕산 심마니가 망태기에 가득 따오는 것을 그대로 통째로 사서 생으로도 먹고, 구워서도 먹고 전골에 넣어서도 먹었다. 아내들도 참 좋아했다.

이럴 때는 비용 아끼는 게 아니다. 이럴 때 윤택하게 쓸려고 열심히 일하는 거다. 사진도 많이 찍었고 담소도 정겨웠다.

함께 여행을 선택하기 잘했다.

오면서 고장마다 있는 토산물도 그득 사 왔다.

잘 조화된(Well Organized) 여행이었다.

## 졸업생의 메일

학부를 졸업한 조○리 제자의 메일(Mail) 인사이다.

안녕하세요. 교수님!
안전공학과 13학번 졸업생 조○리입니다.
학교 시절 자기소개서를 작성하면서 여태까지 준비해온 것들에 대해 많은 생각이 들었습니다….
저는 현재 대학원 공부와 취업을 같이 준비하고 있습니다 (대학원에 더 치중되어 있지만요!).
교수님의 산업위생 수업을 들으며 전공에 대하여 많은 생각을 하게 되었고, 서울대학교 환경보건대학원의 윤○식 교수님 연구실에서 열심히 수학 중입니다.
그런 의미에서 허 교수님께 많이 감사드리고 싶습니다.
제가 안전이라는 전공을 공부하면서 이것이 내 길이 맞는지에 대하여 수백 번을 고민하였지만, 아무리 고민해도 답은 나오지 않았고, 그럴수록 슬럼프의 주기도 잦았습니다….
이제 생각해 보면 교수님께서 하신 강의는 제 인생에서의 신의 한 수인 것 같습니다…^^;;
전공에 대하여 더욱 생각해 보고 인생의 전환점을 마련해 주신 교수님께 무한한 감사를 드립니다.
교수님 정말 감사합니다!

조○리 드림.

## 달님과 삼각 구도

나는 달을 참 좋아한다. 특히 겨울 달을 좋아한다.

달은 보는 각도와 계절에 따라 다 다르다.

보름이 가까워지면 가까운 남한산성을 오르기도 한다.

산성 동쪽에 둥근달이 떠올라 올 때면 장관이 따로 없다. 산성의 산등성에 노송과 어우러질 때 감탄사가 절로 나온다. 달을 올려다보노라면 추위도 잊는다.

한동안 나만의 행복 호흡을 해본다. 한참을 머물다 아쉬움을 달래 보려고 산성 국숫집을 찾는다. '먹어야 산다'라는 식당에 잔치국수는 일품이다. 양을 많이 달라고 하면 값과 관계없이 곱빼기로 준다.

식당의 내부에 걸려 있는 글귀가 감명을 준다.

"사람은 속을 줄도 알고, 손해 볼 줄도 알아야 한다."

사진에 담아서 잘 먹고 나왔다.

달은 나의 친구, 출퇴근 시간에도 밖으로 나오면 달이 어디에 있는지부터 살핀다.

겨울 보름달은 새벽에 더 운치(韻致)가 있다. 서쪽 하늘에 밝게 빛난다.

음력 5~6일쯤이면 넘어가는 것을 놓칠세라 서둘러 찾아본다. 보름이 지나고 며칠 후면 새벽달에 매료된다. 서쪽에 둥그러니 걸려 있는 달을 새벽 출근길에서 본다. 며칠 더 지나면 겨울의 반달은 중천(中天)에 있다. 보름달 못지않게 밝다. 두리번

거리다 머리 위를 보면 "까꿍"하고 웃는 것 같다. 그믐이 가까워지면 동쪽에 눈썹달을 보게 된다. 이쁘면서도 처연(凄然)하게 보일 때도 있다 내가 나의 마음을 읽는 것일까? 이제는 보인다. 달의 어두운 그림자 부분까지도. 동쪽에 동이 트면 눈썹달님의 윤곽이 더 희미해진다. 그믐이 되면 새벽달은 보이지 않고 동녘에 샛별만 반짝거린다. 운치와 정겨움을 한껏 뽐내다가 슬며시 자리를 내주는 것이다. 인생과도 같다.

자녀가 성숙하는 속도는 부모가 생각하는 것보다 두 발 빨리 온다고 하지 않던가? "인생 후반의 삶이 서산에 지는 것", 자기가 생각하는 것 보다 두 발 빨리 올 수도 있을 것이다. 언제 생이 끝날지 아무도 모른다.

오늘도 멍 때리며 달을 올려다보다가 문득 할머니 생각이 난다.

옛날 큰집에 얹혀살 때 보름이 되면 할머니는 우리를 데리고 뒷산에 오르셨다. 그리고 알 수 없는 주문 같은 것을 되풀이하셨다. 아마도 가족의 안녕을 소원하셨을 것이다.

많은 시인은 달에 대하여 노래한다. 스스로 빛을 내지 못하는 달에 왜 시인들은 열광하고 교감할까? 우주의 별들도 생명체라는 느낌이 든다. 우리가 사는 지구의 인간이 많다고 한들 우주의 별만큼 많을까! 태양을 주축으로 하는 은하계가 천억 개가 넘는다고 과학자들은 말한다. 지구도 생명체라고 가정하면 인간에게 무서운 재앙을 줄 수도 있다.

지구는 자정(自淨) 능력이 있다. 인간이 작은 지식으로 지구를 못살게 굴고 환경오염을 지속한다면 지각변동을 시도할 것이다. 산이 바다가 되고 바다가 산이 되는 엄청난 사태도 있을 수 있을 것이다. 이런 일은 옛날에도 분명 있었다. 인간은 좀 더 자숙해야 하고 겸허해야 한다.

　오늘도 둥근 달이 떴다. 보름 달님이 뜨면 나는 삼각형을 그린다.

　나와 달 그리고 소중한 사람, 그리운 사람, 옛날 중요하게 인연이 되었던 분, 사랑했던 사람, 그리고 돌아가신 분까지도 삼각 구도를 만들고 대화를 한다.

　달님은 신비하게도 시공을 초월하여 마음과 그리움을 잇는 신성(神星)이다.

## 삶(生), 죽음(死), 죽음 명상

'삶(生)'이 그러하듯, '죽음(死)' 또한 우리에게 크고 큰 주제 중 하나이다.

언젠가 한 번은 다 죽게 되는데, 누구든 죽음을 흔쾌히 받아들이기가 쉽지 않다.

그 이유는 간단하다.

생(生)에 대한 무작정의 긍정 부여로 인한 집착과 사(死)에 대한 애매한 믿음(生角)으로 인한 불안 때문일 것이다. 그래서 각 종교에서나 마음공부에서 생에 대한 집착을 내려놓게 한다. 그리고 죽음을 크게 수용하게 한다.

곧 생사에 자유롭게 하는 여러 명상법이 시설되고 있다. 깊게 머물러 잘 활용한다면 참으로 유익한 힐링이 될 것이다.

어찌 되었든 죽음이란, 일단 현재의 모든 것들의 완벽한 상실을 의미한다.

컴퓨터에 전원이 영구히 단절되는 것과 같다.

사랑하는 사람들, 아끼는 물건들, 지닌 재산들, 누리던 일과 취미 및 그 밖의 자신의 것들과 깨끗한 이별이다. 그 상실(離別) 뒤에 어떤 보상이 따라올지를 정밀하게 타산해 볼 겨를도 없이 지금의 것들에 달라붙어 있는 애착력이 너무도 강하고 깊은 것이다. 어떤 심리적 경로를 통해서라도 삶과 죽음에 대한 집착으로부터 자신을 스스로 풀어놓을 수 있다면, 그 자유로움 속에서 하루하루, 그리고 한 생을 공(空)하고 여여(如如)하게 살아갈 수 있다면 얼마나 좋겠는가! 얼마나 가볍겠는가!

그것이 설령 "관념적 해오(解悟)"라 할지라도 말이다(행복마을 어록).

# 피드백(Feedback)

중간고사가 끝나고 시험문제에 대한 피드백(Feedback) 시간이다.

나는 시험이 끝나면 꼭 피드백을 해준다.

시험 준비하느라 수고했다고 음료 또는 맥주 반 잔씩 하며 수업을 진행한다.

나의 시험에 객관식은 없다. 단답형 네 문제에(40점) 논술형(60점) 형식이다. 시험시간은 1시간 반이다.

논술 논제는 그 학기에 사회적 쟁점(Issue)이 되었던 안전 관련 시사 문제이다.

예를 들어 불산(불화수소산) 누출사고가 있으면 그것이 논술 문제가 된다.

B4 용지 앞뒤로 꽉 채우고 별지를 대부분 더 달라고 한다.

시험 열기가 대단하다. 전 학기에서는 반도 못 채우던 학생들이 대부분이었다. 이 시간에 제공되는 다과(茶果)는 전 학기(이들의 선배)에 논술문제를 잘 써서 기고한 원고료로 마련된다.

사전에 의미를 부여하면 학기 학생(自己)들도 잘 써서 후배에게 맥주를 마시게 해야겠다는 묵시적 태도를 느낄 수 있다.

답안 중에 상·중을 파워포인트로 띄워서 본인이 읽고 무엇이 잘되고 무엇이 부족한지 격의 없이 토론하게 한다. 나는 잘못된 것을 지적하라고 유도한다. 처음엔 잘 썼다고 칭찬 일색에서 비판으로 바뀐다. 그러면서 이들은 논술 실력이 늘어간다. 평소와 달리 내공(內工)들을 발휘한다.

나도 학생이 되어 질문한다. 이 시간은 나도 참 재미있다.

# 사슴 아저씨

고향 친구에게서 배달 소포가 왔다. 그가 직접 농사지은 복숭아 과일이다. 나는 딱딱한 복숭아를 좋아한다. 한입 물으면 물컹대지 않고 딱 떨어져 사각거리는 그 맛에 매료된다. 내가 그런 것을 좋아한다는 것을 친구가 알기에 이리 수고로움을 감수하고 매년 보낸다. 그 정성은 값의 백배보다 크다. 상대 친구를 생각하는 마음, 박싱(Boxing)하는 번거로움, 포장해서 우체국에 가는 시간들을 생각하면 어찌 값의 크기로만 표현할 수 있겠는가!

이 친구는 고향의 소식을 전해주는 유일한 친구다.

그의 별명은 만물박사이다. 시골에 묻혀 살지만, 모르는 게 없다. 농업은 기본이고 정치 사회 문화 역사에서 두루 박식하다. 농사일도 다양하게 직접 짓는다. 원예 낙농 전작 답작 하지 않는 것이 없다.

명절 선산에 갈 때면 친구를 꼭 보고 온다. 우리 집 아이들이 어렸을 때 그는 사슴을 많이 키웠었다. 그래서 아들딸들은 그를 사슴 아저씨라고 부른다. 아이들이 성장해서도 "사슴 아저씨는 잘 계시냐"고 묻는다.

그의 이름은 만중이다.

참 좋은 고향 친구다.

# 유연성(Flexibility)

중간고사 후 "무엇이든 나는 할 수 있다."라는 용기를 돋워준다.
앞서 말했지만 SK 문화에는 Can-Meeting이라는 것이 있다.
여기서의 "Can"에는 할 수 있다는 의미도 있지만, 통조림 "Can"의 의미가 더 녹아 있다. 이 제도는 근무지를 벗어나 상·하의 입장을 차치(且置)하고 격의 없이 부서의 문제점이나 개선점을 토의하는 것이다. 대개 1박 2일로 이루어지고 격한 대화가 상하 간에 있어도, 돌아오면 앙금 없이 본연의 위치로 회귀(回歸)한다. 통조림에 고기만 있는 것이 아니라 이것저것 양념도 들어가 맛도 나고 간도 되게 조화롭게 한다는 개념이다.

약간의 술은 성취나 발표에 흥을 돋우는데, 학교 학생들에게도 잘 적응된다.

물론 이것(맥주)은 우리만의 비밀이다.

혹여 비밀(?)이 새나가면 왜곡되게 말이 많아질 수도 있을 것이다.

수업시간에 술 먹고 수업한다고.

그러나 우리 학교 학생들 입이 아주 무겁다. 시비 걸린 적이 없다.

# 자녀들이 리더(Leader)

방학을 이용하여 가족 해외여행을 갔다.

아들, 딸 둘, 아내 오랜만에 모두 참여하는 홍콩 여행이다.

회사에 다니던 시절은 미국, 유럽 장시간 비행기 타는 것이 어렵지 않았는데, 언젠가 기체 불안(Air Stream)을 심하게 경험하고부터 장거리 비행은 못 한다. 심리적인 것만도 아닌 것 같다. 가자고 하면 나는 늘 난색을 보였었다. 나를 빼고 다니던 식구들이 이번 마지막이라며 종용하고, 가까운 홍콩이라고 가자고 졸랐다. 그래서 마지못해 하며 함께했다.

얼마 전만 해도 해외여행 시 가족들은 주로 내가 챙겼다.

이제는 큰딸이 주도하고 자녀들이 부모를 보호(Care)한다.

큰딸은 해외 출장을 밥 먹듯 다닌다. 홍콩을 자기가 사는 동네처럼 이 골목 저 골목 능숙하게 안내(Guide)한다.

수영할 때 내가 잘못될까 봐 아들은 나에게 눈을 떼지 못한다.

아직은 체력에 한계를 느끼지 못하는데, 왠지 늙은 것 같아 서글퍼진다.

그래도 참 좋다.

# 스승의 날

학교 스승의 날에는 학생회에서 준비한 카네이션을 달아준다. "하늘 같은 은혜 감사합니다."라고 말하는 것이 상투적이고 행사적인 것 같지만 기분은 매우 좋다.

그런데 언제부턴가 그것마저도 없어졌다. "김영란법"이 생기면서 불협화음이 있을까 우려한 교수회에서 행사를 하지 말라고 했다. 꽃 한 송이야 법에 저촉되지 않겠으나 문제를 원천 차단하자는 의미이다. 그냥 휴대폰 "문자 인사"가 감사할 따름이다. 그래도 오래전에 졸업한 학생들이 시간 내어 찾아오기도 한다. 문자 인사도 졸업생에게 받으면 훨씬 기분이 좋다.

어제가 스승의 날인데 오늘 수업시간에 뜻밖에 꽃다발과 카네이션을 받았다.

옛날부터 내려오는 사제지간의 정감이다.

스승의 날

## 욕구와 상대적 빈곤감

재산이란 무엇인가?

인간의 욕구에는 여러 가지가 있다

물질의 재산욕, 먹는 것을 탐내는 식욕(식탐), 권력욕, 명예욕, 성욕 번식 욕구, 인정받고 싶은 욕구 등. 이런 욕구들이 인간을 성장시키기도 하지만 정체성이 뚜렷하지 않으면 불행을 자초한다. 인간의 삶은 아주 짧고 유한한 것이다.

잘 조율하여 행복한 길을 선택해야 한다. 대부분 사람은 크게 성공한 자기 주변의 친구나 지인과 비교하여 상대적 빈곤감을 느낀다.

살아가는 데 지장이 없을 정도로 풍요로운데 말이다.

이제야 알겠다. 살아가는 데 큰 재산이 필요한 게 아니라는 걸. 하루 삼 식에 누워 잘 수 있는 집이 있으면 충분한 것이다. 나는 성장기에 세 끼 식사할 수 없어 굶주렸던 과거를 생각해 보면 지금 엄청나게 풍요롭고 부자다.

비교는 잘된 주변 지인과 하지 말고 과거의 자신과 비교해야 한다.

나는 누가 물으면

"부자는 아니지만 풍족하고 풍요롭다(I have enough things)."

라고 말한다.

국가 간 전쟁 시기엔 자기 의사와 관계없이 참전해야 하고 가족과 헤어지고 이유도 모르게 귀중한 목숨을 잃어야 했다.

1, 2차 세계대전을 생각해 보라! 영화를 보면 추위와 굶주림의 군인들을 상기해 보면 불만스러울 게 하나도 없다. 가끔 일이 잘 풀리지 않고 힘들 때 혹한의 시대를 살았던 사람들을 상기해 본다.

불만은 사치다.

## 직장 상사의 장례식

오랫동안 모셨던 SK 시절 상사께서 돌아가셨다고 연락이 왔다. 지병은 있었지만, 갑자기 화장실에서 쓰러져 운명하셨단다.

학교 일과를 끝내고 서둘러 경기 고양시 일산에 있는 성심병원으로 달려갔다.

내일이 발인이라 북적거려야 할 시간인데 문상하는 사람이 없다.

정승 집 개가 죽으면 사람이 모이건만 정승이 별세하여 사람이 없는 것인가?

상례를 치르고 식당에 앉았다.

누구라도 늦게라도 오겠지. 기다리며 식사를 하였다.

둘러보아도 가족 외엔 혼자다. 첫날 모두 왔다 간 것인가? 기다려지는 사람들도 있는데. 겸연쩍게 앉아 있는데 미망인께서 누구냐고 묻는다. 어떤 관계로 온 것이냐고 묻는 것이다. SK에서 오랫동안 부하직원이었다고 이름을 말하였다.

이름이 기억이 나신다고 한다.

그 옛날 기대했던 진급이 누락되었을 때 불만(Complain)을 심하게 제기했었는데 그 이야기를 집에서도 했었나 보다. 사람이 없으니 상주(喪主)인 아들도 자리에 함께했다.

근무 시절 아들에 대한 말을 고인이 된 직장 상사에게 몇 번 들은 적이 있다.

서울대학교를 나온 상사께서는 아들이 공부를 열심히 해서 좋은 대학 가기를 원했지만, 아들은 음악을 하길 고집했던 것 같았다.

내가 그 아들에게 한마디 했다. "옛날 사람, 서울대학교 나온 사람의 자녀로 산다는 것 때로는 힘들기도 하였지요?"

아들은 참았던 눈물을 어머니 앞에서 보였다.

알고 보니 성장기에 부자지간의 갈등이 심하여 홀로서기를 하였던 것이다.

미국에서 갖은 고생 끝에 내로라하는 큰 기업의 파트너가 되었단다.

아버지가 바라던 사회적 위치에 올라 아버지를 찾아뵙고 인사를 드리려 했는데 이리 허망하게 돌아가셨다는 것이다. 한 발짝만 미리 만났으면 부자지간에 할 말이 참으로 많았으리라.

## 취업에 성공하기를

가르치는 것도 육칠 년 지나니 어느 정도 적응이 되었다.

3학년 진급하여 나의 과목을 처음 수강신청 하는 학생들은 내 수업방식에 대해 어느 정도 아는 것 같다. 매년 강의하는 과목에 수강신청 인원이 넘친다.

필수 과목이기도 하지만 선배들이 "허관회 교수님 수강신청 놓치지 말 것"이라고 했다고 한다. 무척 흐뭇했다.

이제 가르치는 것도 제법 적응이 된 것인가!

그래도 더 노력하고 공을 들여야 한다. 나로 인해 더 많은 학생이 취업에 성공하기를 바란다.

학문적으로도, 진리탐구로도, 취업 성공도 학생들에게 유익한 학기가 되었으면 하는 바람이다.

# 학점

학생들은 학점(學點)에 사활(死活)을 거는 것 같다. 전체 평균 학점이 높으면 학교생활을 잘한 것으로 인식한다. 높은 점수를 원한다.

모두 다 최고 점수(A+)를 주고 싶지만, 상대평가가 철저하여 그럴 수가 없다. A급 점수는 일정비율 인원수가 차면 성적이 전산에 입력 자체가 되지 않는다.

본 대학은 성적분포 공평 적합도가 전국 대학교에서 TOP10에 든다.

학생들이 높은 성적을 원하는 것은 현재 학생 신분으로 최선을 다하는 것인지 취업을 잘하기 위해서인지 알지는 못하겠다. 만약 후자라면 과잉대응이다. 그리고 대학은 고등학교 성적의 의미와는 다르다. 또한, 옛날의 학점 의미와도 아주 다르다.

요즘 학점과 같은 Spec은 취업에 아무런 득실이 없다.

예전에는 평점을 따져 서류심사 1차에서 탈락시켰지만, 요즘은 1차 관문이 자소서다.

나는 학부와 대학원 성적이 All "A"이지만 성적을 내라는 곳은 한 번도 없었다. 그냥 자기만족이다.

학점에 연연하지 말고 진정한 학문에 열중했으면 좋겠다.

## 윤 박사님의 특강

교통대학교에서 전 학년을 대상으로 특강을 할 기업인을 추천하라는 의뢰를 받았다. 단 1초도 머뭇거리지 않고 바로 생각나는 분이 있다.

그분은 은퇴 후에도 왕성한 활동을 하고 있다.

조심스럽게 부탁을 드렸다. 바로 응답을 주었다.

그래서 내가 존경하는 윤○선 박사(前 SK케미칼 연구소장 전무)를 추천했다.

학생들과 학과 교수들의 특강 강의 후 소감이 엄청 좋았다.

수강했던 교수들도 큰 박수를 보냈다.

나는 직장생활에서 초심을 유지하는 사람을 제일 좋아한다.

함께 일하다 승진이 빠른 사람이 있다. 그들은 나름대로 명석하고 일을 잘한다. 그러니 발탁되어 높은 직급으로 이동하는 것이다.

대부분의 사람은 비슷한 직급에서 잘 지내다가도 임원이 되거나 전무가 되면 돌변한다.

말투가 달라지고 고자세가 된다. 아마도 위엄을 갖추려 하는 것일 것이다. 그러나 윤 전무는 직급이 이동해도 똑같다. 여전히 농담도 하고 격의 없이 대했었다. 이럴 때 나는 감동한다. 그러면 우리도 더 조심하고 최대한 예의를 표한다. 나는 SK 시절 고객사 특별 직책자에게 별도의 맞춤형 보고와 IT트렌드를 교육했는데 지금 생각해 보면 인간관계의 좋은 기회였던 것 같다. 특강을 마치고 학교 교수들과 환담했다. 나를 한껏 띄워주신다. "SK그룹에서 우리 허 교수님 모르는 사람이 없어요. 전무인 나는 몰라도."라고 했다. 사실과 전혀 다른 말씀이다. 어쨌든 학교 교수들과 학생들의 시선이 달라졌다.

존경합니다. 윤 박사님….

## 기업의 생태

나는 학생들에게 공무원보다 기업에 입사할 것을 권한다.

기업에서는 많은 전문적 교육이 지원된다. 입사 후 이 년 이내에 1인당 교육비가 1억 원이 넘는다. 자질 있는 사람을 뽑아서 활용할 수 있도록 모두 새로 가르치는 것이다. 그래서 산학연계시스템이 필요한 거다. 기업 간, 국가 간 끝없는 경쟁에서 늘 자기를 깨어 있게 한다. 안일하게 정년보장 되는 공무원들과는 생태가 다르다.

기업에서는 사장도 매년 평가를 받고, 실적이 저조하면 떠나야 한다.

성과에 따라 연봉도 크게 차이가 난다. 사직서를 서랍에 넣고 사는 것이다. 그러니 임원부터 사원까지 언제나 정신 차리고 전투준비가 되어 있을 수밖에 없다. 어떤 공무원 하는 지인에게 이런 생태를 말하면 어떻게 그리 긴장 속에서 살 수 있느냐고 한다. 현대인은 약간의 긴장 속에 살아야 한다. 공무원들도 그런 구조로 가야 위민(爲民) 봉사자가 되고 일류국가로 가는 길이다. 정치하는 사람도 평가가 없다. 매년 국민에게 평가받고 저조하면 떠나야 한다. 평가에 예산 많이 들어가는가? 요즘 IT 발전으로 그렇지도 않다.

우리나라 눈부신 성장이 공무원 정치인들이 잘했는가?

물론 역할별로 상호보완이지만 불모지대(不毛地帶) 같은 기업인의 공이 더 크다.

명예퇴직으로 근무연한이 줄어든다고 하는데 천만에다. 자기 노력 여 하에 달린 것이다.

  어영부영하는 사람을 기업에서 보호(Care)해 줄 수는 없는 것 아닌가?

  대마불사라고 하지만 대기업도 연속적자 삼 년만 지나면 망한다. 기업이 망하면 국가적 손해다. 일자리도 없어진다. 실직자가 많으면 국가도 힘들어진다.

  기업은 일차적으로 이익 극대화 집단이다.

# 불모지대(不毛地帶)

기업소설 『불모지대』는 1950년대 일본의 패망(敗亡) 후 기업을 살리겠다고 몸부림치는 종합무역상사(綜合貿易商社)의 이야기다.

"불모지대" 풀도 나지 않는 참혹한 현장을 말한다.

일본 육군대학을 수석 졸업한 한 일본인의 이야기다.

일본의 2차 대전 패망 후 일본인과 한국인은 소련 시베리아에 억류되어 짐승보다 더 혹독한 시련을 겪는다.

십여 년이 흐른 후 일본 특급 장교이었던 그는 일본의 구원자금에 의해 풀려난다. 그러나 함께 참전했던 한국인은 그때도 돌아오지 못한다.

이 대목에서 나는 책장이 젖도록 눈물을 흘렸었다.

그 일본인은 십 년이 넘는 공백기를 극복하기 위해 매일 도서관에 가서 하루 치도 빼놓지 않고 그 긴 세월의 신문을 정독하였다.

그리고 이토추 종합상사에 입사한다. 거기서 눈부신 활약을 한다.

종합무역상사는 "라면에서 미사일까지"라는 수식어도 있었다.

아프리카에서 신발을 팔고, 에스키모인에게 냉장고를 파는 것이 "종합무역 상사인(商社人)"이라는 말도 나왔다.

우리나라도 1970년에 종합무역상사가 수출역군으로 무역을 주도하였다.

우리나라 실정으로 연공서열이 기업구성원의 대세였지만 종합무역상사에서는 이 질서가 깨졌다. 능력 위주의 시대가 열린 것이다. 능력 있는 많은 사원이 이직도 하였다. 누구든 수출 신용장만 가지고 오면 승승장구 승진을 하였다. 아주 큰 액수의 신용장이면 수출회사로 창업도 가능하였다. 수출에 크게 이바지한 그룹의 종합무역상사는 현대종합무역, 삼성 종합무역, 선경 종합무역, 대우 종합무역 LG, 율산, 제세 등 다수다.

기업에서 일하거나 기업인이 되고자 하는 사람에게는 이런 책이 마음가짐에 도움이 될 만하다.

## 행복할 수 있고, 건강할 수 있고, 안전할 수 있다

학생들에게 숙제를 내주고 발표하게 하였다.

자기가 안전공학도로서 일상적 안전수칙을 지키는 것과 향후 생활화하겠다는 것 삼백 개 이상 써 오라고 했다. 예를 들면 "이동 전화를 보면서 건널목을 건너지 않겠다.", "젖은 손으로 전기 코드를 빼지 않겠다." 등을 쓰라고 했다.

그리고 학생과 교수가 있는 수업시간에 크게, 과장되게 각자 발표하도록 하였다. 안전을 전공하면서 지식으로만, 또 생각만으로 경각심이 높아진들 아무 소용없다. 그것이 습관화되어 "지·행·득(知行得)"되어야 진정한 자기 것이 되는 것이다. "아는 것을 행동하는 것" 반복적으로 연습하고 습관이 되어야 한다.

한 사람씩 발표 후 교수와 학과 반(Class Mate) 친구들에게 선서와 같은 다짐을 하게 하였다. "꼭 실천하겠다."라고. 안전은 작은 실천부터 녹아들어야 진정한 안전관리자가 되는 것이다. 이것도 동사섭 행복원리에서 배운 것이다.

교육과정 중 자기가 행복하고 자랑스러운 거 삼백 개 이상 적어 발표하는 시간(Cession)이 있었다.

어떤 이는 천 개도 적는다.

나는 초 차원적인 영혼을 가지고 있다.

나는 1/100옥타브만 틀려도 음장을 느낄 수 있는 소중한 귀를 가지고 있다.

　나는 소중한 자녀가 세 명이나 있다.

　등등을 적어내고 과장되게, 행복하게, 신나게 발표하는 것이다.

　발표하면서 내가 행복한 조건이 너무도 많구나! "내가 정말 선택받은 인간이구나, 얼굴 찌푸릴 일이 하나도 없구나"라고 생각하며 행복해졌었다.

　지금도 우울하거나 걱정거리가 있으면 그때 그 노트를 펼친다.

　아는 것, 생각만 하고 실행하지 않는 것은 죽은 지식이다.

　우리가 아는 것만 실행한다고 하면, 행복할 수 있고, 건강할 수 있고, 안전할 수 있다.

# 봉사 활동

사단법인 세계어린이 복지기구(WCWO)에 사무부총장을 맡고 있다.

등기이사로 기획을 담당한다.

비정부기구(NGO: Non-Governmental Organization)이다. 환경단체 대신 봉사 활동을 하는 곳이고 외교부 산하 비영리 법인이다.

설립목적은 세계어린이 평화마을을 조성하여 생명 살리기 운동 등 세계 평화의 진원지(震源地)를 만드는 것이다.

한국전쟁 참전국 마흔여 국가의 결손아동을 보육함으로써 세계 아동복지에 이바지하고 글로벌 인재를 육성하고자 하는 것이다.

유치원부터 대학까지 무상교육하여 자국(自國)으로 조건 없이 돌려보내 자국의 지도자(Leader)가 되게 하는 것이다.

이렇게 육성된 어린이가 자기 조국의 지도자가 되면 뜻깊은 일이고 우리나라에도 호의적으로 될 것이다.

국제아동복지기구 ICC와 연계되어 있다.

인종·종교를 초월한 국제지도자를 양성하는 것, 얼마나 가치 있는 일인가!

우리나라는 원조받던 나라에서 원조하는 국가가 되었다.

목숨 걸고 참전한 참전국 중 GNP가 좀 적은 나라 결손아동(孤兒)을 거두는 일은 국가뿐이 아니라 비영리 단체에서도 도

와야 한다.

콘셉트(Concept)가 좋고 멋진 일이다.

1. 국제 문화마을 설치
2. 질병 치료를 위한 병원 운영
3. 유치원, 초, 중, 고 직업훈련, 어학교육원 설립 및 운영
4. 지적성장(知的成長)을 위한 인성교육원
5. 국제 결손아동(고아) 지원을 위한 국제 후원 센터 운영
6. 한국 비무장지대(DMZ) 내 세계평화공원 조성

등이 Vision이다.

## 옛 선배와 하루 여행

학교 사정으로 내일 갑자기 휴강이 되었다. 온전한 하루의 여유가 생긴 것이다.

옛날 상사로 모셨던 최 상무와 하루를 보냈다.

그는 일 년 전에 아내와 작별했다. 오랜 투병 끝에 돌아가신 것이다.

잉꼬부부였던 최 선배는 감당하기 힘들었을 것이다. 전화를 했다.

"잘 지내시지요. 오랜만에 연락드립니다. 내일 뭐 하세요?"

"뭐 특별한 일 없이 집에서 소일하지…."

"저랑 함께하실래요? 간만에 소주도 한잔하고."

경기도 퇴촌 가서 매운탕에 한잔하려 했다가 생각을 바꿨다.

요즈음 얼마나 답답하실까? 속초로 방향을 바꿔 잡았다.

바닷바람을 쐬면 답답함이 좀 해소될까? 무작정 출발이다.

서울에서 속초 가는데 나는 옛길을 좋아한다. 미시령 터널이 뚫렸지만 나는 미시령 옛길을 선호한다.

가면서 많은 이야기를 했다. 근무 당시 추억도, 형수의 오랜 투병 생활도… 한참을 듣고 나니 가슴이 먹먹하고 찡하였다.

대화가 무겁고, 진지하다 보니 금방 바닷가에 도착하였다.

털털한 선배의 속성에 따라 비싼 횟집보다 물치항 '바구니 듬뿍 골라 횟집'으로 갔다.

소주 한잔하며 또 이런저런 이야기가 이어졌다.

"형! 형수가 지금 우리 이런 모습을 보면 무척 좋아하겠지?"
최 선배의 눈에 눈물이 고였다. 나도 울었다.
그는 나와 동병상련이다.
그도 어릴 때 부친을 잃었다. 나는 모친을 잃었다.
밤늦게 도착, 헤어지며 나에게 "역시"라고 했다.
(역시 멋진 후배?)
의미 있는 좋은 하루를 보냈다.

## 이민 간 직장 동료

밴쿠버로 이민을 간 옛날 동료에게서 연락이 왔다.
옛날 차장 진급 동기다. 나보고 "인간승리자"라고 했다.
비학부 출신으로 입사해 유리 벽을 몇 단계 뚫었다는 것이다.
나는 아직도 꿈에서 마라톤을 자주 뛴다고 했다. 헉헉거리며….
나보고 아직도 욕구 충족이 안 된 거냐고 한다.
나는 지족생활인이고 지·행·득하며 산다고 했다.
내게 두 개의 정신세계가 있는 것인가?

켄 윌버(Ken Wilber)가 쓴 『무경계(No Boundary)』에 의하면, "나는 감정을 갖고 있다. 하지만 나는 나의 감정이 아니다!"라고 언급하였다. 아무리 참선을 하고 정진을 하여도 인간의 이중 구조적 감정을 단일화하기는 어려운 것 같다. 하지만 『무경계(No Boundary)』에서 "각성(覺性)"에 대하여 좋은 길잡이를 주었다. "찾는 자신을 찾더라도 찾아낼 수 없을 때 거기서 찾음의 목적이 달성된다. 찾아 헤매던 것 또는 찾음 그 자체도 끝이 난다"라고 하였다. 꿈에서 달리기 좀 그만했으면 좋겠다.

그의 연락을 받고 옛날 함께 근무했던 시절이 아련히 떠오른다.
우리는 퇴근 후 가끔 포커를 즐겼었다. 특히 특별 보너스가 나올 때 이 게임을 한다.

여섯 명이 최적 멤버로 함께 한다. 일정이 잡히면 그날 퇴근 시간은 더디게 온다. 동료끼리 큰돈이 오가면 화목(和睦)이 깨질 수 있으니 작게 한다. 돈은 일정하게 내서 모두 칩으로 바뀐다.

게임(Game)이 끝나면 다시 칩 소유대로 환전한다.

얼마를 잃고 땄는지 명확하다. 딴 액수의 반은 잃은 자에게 돌려준다.

바쁜 일과 속에서도 오아시스와 같은 역할을 하였다.

돌이켜 생각해 보면 그때가 참 좋았다.

나는 승률이 좀 높은 편이다. 도박성이 있는 걸까?

미국 라스베이거스에 가서도 승률이 높다. 작은 게임을 해서 그런지 잃은 적이 없다.

나는 게임 원칙(Game Rule)도 명확하다.

300불 정도로 시작하면 300불 정도 따면 무조건 일어난다.

모두 잃어도 마찬가지다. 일어난다. 더 증자를 하지 않는다는 말이다.

라스베이거스는 COMDEX Show가 있어서 IT 종사자들은 견문을 넓히기 위해 매년 간다. 놀기 좋아하는 사람은 그곳이 천국(Paradise)일 거다.

나도 갑자기 재벌이 된다면 거기 가서 살겠다.

실없는 생각을 한번 해본다.

# 정감 있는 조직 vs 냉정한 조직(은퇴자)

저번 주에 빙모상이 있었다.

퇴직한 지도 십여 년이 지나 오래되었고 하여서 망설이며, 옛 직장에 부고를 알려보았다.

연락한 지 1시간도 되지 않아 회사명의 조화와 장례식에 쓰는 집기 일절이 넉넉하게 배달되었다. 사뭇 놀랐다. 상가(喪家)는 아직 준비도 안 되어 우왕좌왕인데 이리도 신속하고, 다양한 물품을 보내주다니!

가족들은 "누구 자녀가 SK케미칼을 다니나?"라고 묻는다.

임원이라도 거쳐나간 사람이 어디 적은 인원이던가!

어찌 알았는지 옛 동료였던 안재○ 사장, 전○현 사장이 별도로 조화와 부의금을 보내주었다.

다시 한번 옛 직장 동료들의 퇴직자 배려에 가슴 뿌듯한 애정을 느꼈다.

더 감동인 것은 담당자의 친근한 응대였다. 오래된 퇴직자가 귀찮을 법도 한데 친절한 문답과 신속한 일 처리였다.

타 지인들에게도 들어보면 내로라하는 굴지의 기업에서 은퇴한 사람들도 이런 경험을 했다는 말을 들어보지 못했다.

# 측정(Measurement)

작업환경측정 강의시간이다.

측정의 어원을 풀어보면, 길이나 무게 따위를 재어서 정하는 것이다.

평가의 지수를 통하여 사람의 능력 또는 수준 따위를 상대적으로 평가하여 잰다. 일정한 양을 기준으로 하여 같은 종류의 다른 양 크기를 재는 것이다.

학기 작업환경측정은 주로 산업체에서 화학적 위해요소를 위주로 학습한다. 측정에는 계량으로 하는 계측부터 온도, 밀도, 저항, 비중, 경도, 재무, 인사평가 등 우리 생활 전반에서 인용된다. 측정은 과학적이고 수치에 근거한다.

간접적으로 학생들 수학 실력을 측정해 보았다. 많이 부족하다.

공학을 전공하는 사람은 수학이 약하면 안 된다.

측정기구의 고전적 방법과 원리는 알아야 하지만 요즘 측정기구는 모두가 디지털화되어 있다. 2진법의 개념이 명확해야 한다. 신호(Signal)를 주고 안 주고의 연속이다. 로봇원리도 마찬가지다.

삼천포로 빠져 2진법 교육이 이어졌다.

흐르고 안 흐르고의 단위를 Bit라고 하고 네 자리(1111) 최대 합이 "16"이고 두 개의 조합이 최소의 글자(Byte)가 된다. 최대 수는(1111, 1111) "32"이다. 좀 더 구체적으로 들어가면 네 자리 숫자가 팩(Pack 0-9 다음 알파벳 ABCDEF) 화하여 "F"로 바꾼다. 여덟 자리가 "FF"로 재빨리 바꿔 메모리 효율을 기한다. 아마도 요즘은 반도체 용량이 발전하여 이렇게 하지 않아도 될 것으로 생각된다.

심지어는 양자컴퓨터 시대가 열리고 있다.

이 조합에 의하여 두 개의 조합이면 Bit 8개는 8Bit 컴퓨터(Machine), 네 개의 조합이면 16Bit이다. 32Bit가 되면 진정한 현대컴퓨터(Machine)라고 말할 수 있겠다. 컴퓨터 연산에는 더하기만 있다. "1"에 "1"을 가하면 "2"라는 것이 없으니 자리 올림 한다. 빼기는 현 숫자에 보수(Complement)를 취한다. 수치 "1" 가하면 자리 올림 되는 것을 말한다. "1"은 "0"이 되고 "0"은 "1" 된다.

보수를 취해서 맨 앞 비트(Bit)를 잘라내면 뺀 값이 된다. 나누기도 빼기이니 이런 식으로 여러 번 빼서 연산한다. 빛의 속도라 사람이 느끼지 못할 뿐이다.

32가 64로 커지면 기하급수적으로 효율이 높아진다.

이제는 새로운 이론의 양자컴퓨터 시대가 도래할 것이다. 병렬적 연산으로 양자역학적인 물리현상을 활용하여 계산을 수행한다.

이러한 원리는 진공관, 트랜지스터 및 반도체 기반의 2진법 컴퓨터와 완전히 다른 원리로 작동한다. 전통적인 컴퓨터에서 자료의 양은 비트로 측정되며 데이터가 항상 두 개의 명확한 상태(0 또는 1) 중 하나에 있는 2진 숫자(비트)로 인코딩되어야 하지만 양자 계산은 상태의 중첩으로 있을 수 있는 양자비트를 사용한다.

그리고 소프트웨어(Soft Ware) 시스템들은 조건(IF)들의 연속이다. 이건 컴퓨터 공학에서 배운 것이지만, 석사과정 시절 나도 기초과학을 다시 공부하였다.

고등학교 수학을 다시 배웠고, 화학책도 사서 다시 습득하였다.

모르면 공부하면 된다. 요즘 공부할 수 있는 환경이 얼마나 좋은가!

측정기구로 창업하려는 학생은 기초과학 지식이 더욱 필요한 기술(Skill)이다.

안전에 대한 기구나 장치의 시장이 얼마나 많은가! 안전공학도의 창업 방향은 무궁무진하다. 삶이 윤택해지고 선진국이 될수록 안전에 관한 관심은 더 높아질 것이다.

"학생님들 머리를 쉬지 말고 열심히 노력하세요(Get ahead faster)."

## 걱정은 기우(杞憂)

옛날 아내의 걱정은 기우였다.

늦둥이 아들을 낳으면서 애가 장가갈 때쯤이면 우리는 늙었을 것이고 "부모와 상견례 할 때도 아들이 창피해할 것"이라고 했다.

아들은 효자답게 20대에 결혼했고 우리는 늙지 않았다.

아들도 부모에 대한 불만이 없다.

막둥이 장가가니까 세상에서 할 일을 모두 마친 것처럼 홀가분하다.

우리 아들은 탁월하지 않지만 현명하며, 자기 분수를 잘 안다. 그리고 성실하다.

아버지로서 바라보는 아들은 만족한 삶을 사는 것 같다.

아들 커플은 행복하게 잘 살고 직장도 잘 다닌다. 둘이 모두 독실한 신앙인이다. 그러면 된 거다. 무얼 더 바라겠는가!

둘이 합심하여 살 집도 마련하였다.

## 하루의 필수 코스

나는 산책을 무척 좋아한다. 일기에 자주 쓰지만, 생활에 꼭 해야 하는 필수 코스이다.

집 앞에 중앙공원이 있어 참 좋다. 이 공원 때문에 이사도 안 갈 정도이다.

비가 오나 눈이 오나 산책을 한다. 안 하면 일과가 가볍지 않다.

1시간 정도 몇 개의 코스를 돈다. 시간이 넉넉할 때는 분당 율동공원까지 간다. 집에서 율동공원을 다녀오면 1만 보 걸음이다.

오전 시간이 바쁜 날은 단 30분이라도 걷는다.

아내는 "건강관리 잘해서 오래 살겠수."라고 한다.

하지만 나는 건강관리가 아니고 그 자체가 삶에 제일 행복한 시간이다.

산책하는 시간만이 온전한 나의 시간이고 자연과 더불어 사색할 수 있는 좋은 기회이다. 때로는 아무 생각 없이, 또는 그 날의 할 일을 정리하며, 어떨 때는 음악을 들으면서….

그러나 진정한 산책의 바람은 아무 생각 없이, 무념무상, 잡념 없이 하는 것이다.

시간 없어 못 한 날은 귀가해서라도 실행한다. 자정이 넘더라도….

## 제사(祭祀)를 지낸다는 것

내일이 설날이다.

아이들이 전(煎)을 부치고 밤(栗)을 다듬고 준비에 분주하다.

즐겁게 담소도 나누고 남매들끼리 옛날얘기를 하며 놀리고 칭찬하고

즐겁다.

아내와 아이들은 크리스천이다.

내가 제사를 꼭 지내야 한다는 것을 알기에 추도예배로 대체하자는 제안은 하지 않는다.

내가 살아 있는 한은 조상님 제사는 꼭 지낼 거다.

초년 26세에 돌아가신 어머니 제사를 아니 지낼 수 없다.

어릴 때는 내가 불쌍한 줄 알았다. 지금은 돌아가신 엄니가 너무 가엾으시다. 어머니뿐만 아니라 주변에 어린아이를 두고 목숨을 잃는 분들이 더러 있다. 어찌 눈을 감을 수 있었겠나. 그런 상상을 하면 마음이 찢어진다.

차례가 끝나면 추도예배도 한다. 모두 둘러앉아 성경 말씀도 돌아가며 낭독하고 찬송가도 부른다. 아들이 연주하는 기타 소리에 맞춰서 함께 부른다.

그리고 3분 스피치도 한다.

자기 자신에게 최근의 근황과 특별히 알림(Issue)에 대하여 가족 앞에서 가감 없이 전달한다.

간절히 바라는 것이 있으면 이루어지도록 함께 기도도 해달

라고 부탁한다.

  차례나 제사 지내는 날은 고소한 기름 냄새가 집안에 가득하다. 큰 행복감을 준다.

## 후배들을 위한 베풂

    4학년 1학기 기말고사 논술 답안지를 보고 흐뭇했다.
    80%는 만점을 주고 싶다.
    처음 접했을 때보다 상당히 논술 실력이 상향되었기 때문이다.
    내용이 알차고 논리도 정연하다.
    고사 시 시험지를 빨리 내는 학생이 이제는 거의 없다. 내가 낸 시험의 네 번째의 결실인 것 같아 기분이 좋다.
    논술문제는 채점하기도 단답형과 비교하면 몇 배 정도는 힘들다. 두세 번 읽어봐야 하기 때문이다.
    그동안 누누이 아침기상과 동시에, 등교 전에 꼭 신문하나를 선택해서 읽는 것을 권했다.
    가능하면 모두 읽되 안전에 관한 관심 항목은 "URL로 복사해서 공유할 것을 당부한다. 카톡이나 취업 방에 보내기… 안전 관심자와 함께 숙지하기"를 권고한다.
    경쟁의 대상은 학과 친구가 아닌 다른 학교, 다른 나라 학생들이다.
    안전특집, 안전시사, 안전경제도 알 겸 「한국경제신문」을 추천했다.
    취업의 단계가 자기소개서 → 필기시험 → 면접으로 이루어짐에 폭넓은 지식이 없다면 2차 시험까지 통과하더라도 면접에서 떨어질 거다. 그래서 현재의 사회상을 나타내는 신문보기는 선택이 아니라 필수다. 신문보기를 강권하는 이유다.

신문은 그 시대의 전공에 대한 답을 제공한다.

이번 논술문제 답안에 신문기사를 반영한 것이 역력히 나타난다.

학생들이 더욱 확신하도록 하였다. 얼마 전 졸업하고 대기업 취업에 성공한 노○석 군을 불러 취업 성공사례를 후배들에게 직접 들려주게 하였다.

그는 나와 몇 차례 상담하고 삼성에 입사해 지금은 이 년 차 사원이다.

노 군은 하루 휴가까지 내고 협조해 주었다.

때에 따라서는 내가 몇 번 강조한 것보다 학생들에게 실질적 효과가 클 것이다.

질문도 많이 이어졌다. 선·후배 간 흐뭇한 광경이다.

그는 후배들을 위하여 큰 베풂을 한 것이다.

# 안전문화(安全文化)

안전사고가 끊이질 않는다.

이천에 있는 유통창고 신축건물에서 사고가 나 인명피해를 크게 발생시켰다. 작업자들 인명피해 소식을 들으면 가슴이 미어진다.

산업체 재해사고는 여전히 줄지를 않고 있다. 센서 과학, 보호구 등… 공학적 사고 예방과 법규의 제도적 강화 등으로 옛날보다는 많이 체계화된 것 같으나 인명 사고율은 전혀 줄어들지 않는다.

그것으론 한계가 있다. 안전불감증, 안전경각심과 같은 안전문화가 미흡하고 안전문화 가치에 대한 환경조성이 안 되고 있기 때문이다.

문화는 국민 전체의 지식과 행동에 기인하고 실천하는 것인데, 특히 안전문화 확산은 더욱 시급하다.

미국의 종합화학회사 듀폰(Du_Pont)의 안전문화제도 및 사내 확산은 사고율을 혁혁하게 줄이고 있다. "모든 사고는 사전에 미리 예방할 수 있다. 부상이나 직업병 등 모든 작업 중 노출은 통제가 가능하다."라는 전제하에 안전관리를 한다.

안전문화는 나의 학문적 연구 분야이기도 하다.

안전문화(Definition of Safety Culture)란 무엇인가?

Cox & Cox는 다음과 같이 정의하였다.

"안전문화는 안전과 관련되어 개인 또는 근로자들이 공유하는 태도, 믿음, 인지 및 가치를 말한다."

Ciavarelli & Figlock는 말한다.

"안전문화는 안전에 대한 개인 및 집단적 태도뿐 아니라 조직적 의사결정을 좌우할 수 있는 공유된 가치 믿음의 규범이다."

# 지지자(支持者)

불교 서적 『금강경(金剛經)』을 읽던 중 심오한 문구가 좋아서 일기에 적어본다.

"나는 태어나고 병들고 죽고 하는 고통의 존재인 줄 알았는데 태어난 적 없으며 죽으려야 죽을 수도 없는 영원불멸한 존재구나."
"가난하고 무식하고 지지리도 못난 사람인지 알았는데 사실 명예와 부귀를 다 구족하고 있구나."

– 육조혜승

동사섭 정신적 스승이신 대화 스님의 지지자의 어록(語錄)을 적어본다.

"지지자(支持者)란 뒤에서 힘껏 밀어주는 사람을 말한다. 뜻이나 심정을, 혹은 일이나 인품을 믿고 한껏 성원하는 사람이다. 나의 지지자는 누구이며 나 또한 누구의 지지자가 되어주고 있는가? 일생을 살아가면서 단 한 명이라도 절대 지지자를 얻는다면(어머니 같은) 살아가는 데 외롭지 않은 여행길이다."

얼마 전 『금강경(金剛經)』을 읽고, 또 읽고 세 번을 읽으면서 컴퓨터에 정리했다.
한자(漢字)도 써보고 음미하며 정독했다.

학생들에게 기회 있을 때 인문학 한 페이지 전달할 요량이었다. 그러나 이내 접었다. 내가 섣불리 전달할 상황이 아닌 것 같다. 감수성이 예민한 학생들이다. 전혀 다르게 해석하고 이해할 수 있기 때문이다. 전달하기엔 이 부문 실력이 내겐 너무 부족하여 주관적이고 왜곡된 설명이 될 수 있기 때문이다. 더 공부하고 정진할 일이다.

# 간과할 수 없는 유해인자 "소음"

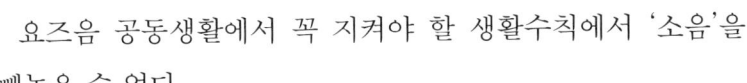

요즈음 공동생활에서 꼭 지켜야 할 생활수칙에서 '소음'을 빼놓을 수 없다.

층간소음 때문에 아파트 아래 윗집 사이에 분쟁이 끊이지 않고 있기 때문이다.

나도 소음에는 민감하지만, 배려와 참지 못하는 국민성도 한 몫하는 것 같다. 아래윗집은 이웃이다. 옛날에 이웃은 대단한 인연이고 사촌보다 이웃집이 낫다는 말도 있다. 신문 지상에서 층간 다툼이 살인으로 이어졌다는 안타까운 소식도 있다. 도시 주거문화가 밀집 사회로 바뀌면서 심각한 문제로 바뀌고 있다. 환경변화에 맞춰서 건축법도, 소음분쟁법규도 좀 더 강화해야 한다.

최근 정부는 공동주택 층간소음 기준에 관한 규칙을 발표했다. 아파트 등 공동주택에서 "낮에 몸무게 $28kg$ 정도의 아동이 1분가량 뛰어놀아 소음이 $43dB$을 넘을 경우 층간소음이 발생한 것"으로 간주한다고 규정했다. 밤에는 좀 더 강화하여 같은 아동이 30여 초 뛰면 층간소음이 된다. 이 층간소음 기준은 분쟁 발생 때 당사자와 화해나 관리사무소 등의 중재뿐 아니라 공동주택 관리분쟁조정위원회나 환경분쟁조정위원회 등 공적기구의 화해 및 조정 기준으로도 활용될 것이다.

기준안은 층간소음을 바닥과 벽에 직접충격을 가해 발생하는 직접충격소음과 텔레비전과 피아노 등에서 발생하는 공기 전달소음으로 구분한다. 욕실에서 물을 내려보낼 때 나는 배수소음은 층간소음에서 제외한다. 또 분쟁이 많은 위·아래층은 물론 옆집에서 발생하는 소음도 층간소음에 포함했다.

산업 환경측정에서도 소음은 중요하게 다루어지고 있다. 장치산업(裝置産業)인 공장의 소음은 일반 주택의 소음과 또 다른 성격을 지닌다. "누적 증후군"으로 직업병이 될 수도 있다.

소음은 "원하지 않는 소리(Unwanted Sound)"라고 정의된다.

소리는 물체의 진동으로 발생하며 매체를 통하여 전달되는 파동이다. 매체가 없는 진공상태에서는 소리가 전달되지 않는다. 공기 중에서 소리가 전달되는 것은 대기압의 주기적인 증감에 따르기 때문에 보통 소밀파(疏密波)라고 한다.

모든 파동이 그러하듯이 소리는 진폭, 파장, 주파수로 구성되어 있다. 진폭(振幅)은 음원으로부터 진동이 발생하면 압력이 생기고 대기압과 차이를 발생시키므로 소리의 강도 혹은 음압을 결정한다. 주파수는 1초당 같은 파장이 지나가는 횟수를 의미하며, 단위는 Hertz(Hz)이다. 주파수는 파장과는 서로 반비례의 관계를 가지고 있으면서 소리의 고음 저음을 결정한다.

인간이 들을 수 있는 가청 주파수는 20~20,000Hz이고 이보다 높은 주파수의 소리를 초음파(Supersonic)라고 한다. 인간은 듣지 못한다.

과학의 발전으로 소음(내가 듣기 원하지 않는 소리)을 제한 조정할 수 있는 시스템이 우리 대학 창업융합센터에서 개발되었으면 좋겠다.

## 느림의 미학

느림은 또 하나의 안전실천이다.

서두르다가 못 보던 결점도 천천히 차근차근 느림으로 보면 보인다.

차를 타고 쌩 지나가던 길도 자전거를 타고 가면 새로운 풍경이 보인다.

숲도, 산하(山河)도 또 다른 모습으로 다가온다.

가끔은 팔당의 자전거길이 좋아 자전거를 타러 간다.

차로 다녔던 길이 전혀 생소한 맛을 준다.

노래도 마찬가지다. 노래 못하는 사람이 합창 중에 0.1초 빨리 부른다.

골프도 탑에서 좀 멈추면 멀리 나가는데 빨라서 회전 스피드를 오히려 잡아서 거리가 줄어드는 것이다.

코끼리는 느려도 못 가는 곳이 없다. 육지나 개천가나 어디든 뚜벅뚜벅 잘도 간다.

라틴 댄스도 빨리하면 넘어진다고 한다. 음악과 관계없이 상대방(파트너)이 위치를 잡은 다음에 회전하든 전진해야 한다고 했다. 음악의 몇 박자를 보내고 가도 된단다.

진급이고 취업이고 급해서 망치는 일이 허다하다.

안전사고도 서둘다 발생하는 경우가 대부분이다 특히 교통사고는 더 그렇다.

"급할수록 돌아가라(The more haste, The less speed)."라는 말

을 모르는 사람은 없을 것이다.
 그러나 급할 때 이것을 지키는 사람은 거의 없다.
 서두르는 일이 없어야 하겠다.

## 보물

큰딸이 귀가하며 간식을 사 왔다.

직장 회식이나 어디선가 맛있는 것을 먹으면 부모가 생각나나 보다.

생선 초밥, 닭강정, 빵….

큰딸은 몇 년 전 독신을 선언하였다.

우리는 혼인을 독려하였지만, 이제는 의견을 존중하고 욕심을 내려놓았다.

두 자녀는 결혼해서 독립하였지만, 큰딸은 함께 산다.

퇴근 시 들어오면서 "엄마! 나왔어!" 하고 큰소리로 외치는 것이 이제는 정겹다.

자녀들 모두 출가했다면 썰렁할 수 있는 집이 따뜻하다.

여전히 예쁘고 능력 있는 큰딸은 기자이면서 대기업 계열사의 팀장이다.

직장인인 동시에 프리랜서 능력을 갖추고 있다.

어찌 남자들이 이런 보물을 몰라볼까….

아마도 외모는 나를 닮았지만, DNA가 외탁한 듯하다. 처가에 독신자들이 유난히 많다. 우연일까?

큰딸님!

좋은 사람 나타나면 그래도 결혼할 확률 0.1%는 있는 거지?

아빠한테 유난히 잘하는 큰딸이지만, 그래도 좋은 사람 만나서 잘 살았으면 좋으련만….

# 올빼미족

원래 나는 올빼미족이다. 밤을 사랑한다.

학술 논문 원고를 쓸 때면 날이 밝을 때도 있다.

SK 다닐 때는 그리 할 수 없었다. 차도 밀리고 일찍 출근해서 출근 전에 할 일을 모두 정리해야 하루가 편했다.

요즘 내가 하는 강의시간도 주로 오후 시간이고 야간부 수업을 선호한다.

귀가 후 Radio 103.5MHz 낭만 시대와 93.1 MHz KBS Classic 음악방송을 들으며 학생들과 지인들에게 온 이메일과 문자에 답변을 한다.

지인들에게 될 수 있는 대로 화급한 일이 아니면 특히 학생들에게는 메일이나 문자로 소통하자고 했다.

내용을 보고 전화할 일이면 통화도 하고 답변도 준다.

친지들의 카톡도 이때 확인하고 응답한다.

일과 중에는 상대가 답답하겠지만 휴대폰을 보지 않는다.

이제는 많은 지인이 알고 이를 수긍한다.

자정부터 새벽 4시 사이에 수면해야 건강에 좋다지만 나는 밤이 참 좋다….

## 있다가 없어지는 것들

단골 식당이 없어지는 건 여간 서운한 일이 아니다.

한국교통대학교 입구에서 시내 쪽으로 100m 정도 가면 맛있는 칼국숫집이 있었다. 암반으로 밀어서 직접 만드는 손칼국수집이다.

애호박을 볶아서 듬뿍 얹어주는데 옛날 할머니가 만들었던 국수와 비슷하다. 흡사한 게 아니라 거의 똑같다.

오후 수업과 야간부 강의 사이에 저녁을 먹는데 다른 교수와 약속이 없으면 늘 그 집에 간다. 그 식당이 없어져 이제는 그 맛을 느낄 수 없게 되었다. 참으로 아쉽다.

식당도 이럴진대 친하게 지내던 지인과 헤어짐은 그 고통이 헤아리기 어렵다.

인간사 만나고 헤어지는 게 순리인가 보다.

친한 친구 승노가 세상을 떴다.

## 내가 이겼다

오랜만에 가족 모두가 모여서 프로야구게임을 시청했다.
두산과 SK 경기다. 가족 각자가 좋아하는 응원 구단이 갈린다. 나는 당연히 SK와이번스이다.
우리나라 관람문화는 문제가 좀 있다. 자기가 좋아하는 구단과 선수를 편애하는 건 당연하지만, 상대편 잘하는 것을 시기하고 못마땅하게 생각하는 게 문제다. 상대방도 잘한 것은 "정말 잘했네!" 하고 박수를 칠 줄 알아야 진정한 스포츠를 즐기는 마니아라 할 수 있다.
가족은 두산이 진다고 지나치게 흥분한다. 다른 사람들만 그러는 줄 알았는데 우리 식구도 그런다. 나도 흥분하여 한마디 했다.
"너희들 어느 기업에서 장학금 받아서 공부했냐"고.
SK는 중학교부터 대학까지 등록금 전액을 성적과 관계없이 무조건 지급한다. 사립대, 국립대, 학비가 비싸기로 이름난 의대도, 해외 대학도 가리지 않는다.
그러고 보니 예전에 친구가 자녀 등록금을 못 내 돈을 빌리러 온 적이 있다.
기업의 복지 장학금수혜가 당연하다고 생각해서 고마움을 간과할 수 있었는데, 누구에게는 힘든 자금 마련이었다는 게 나 역시 새삼 떠올랐다.

# 수시로 삶의 설계를 하라!

갑자기 인생 3막을 설계할 시간이 왔다고 생각되었다.

학생들에게 강의 말미에 늘 상기시키는 말, "목표를 크게 설계하라!"

목표를 높이(Super Excellent)하고 자기를 설계(Self Design)하라!

장단점(SWOT)을 분석하라!

강점은 무엇이고 약점은 무엇인가?

위기는 무엇이고 기회는 무엇인가?

일 년을 계획하고 매월 단위로 수정 작성하라!

약점은 강점이 될 수 있고 위기는 기회가 될 수 있는 거다.

그리고 목표를 달성하기 위한 장애 요인을 작성하고 적극적으로 제거하라!

지방대학이라고 절대 위축되어 자신감을 상실하는 우(憂)를 저지르지 마라!

"Be Liked(모든 사람이 본인을 좋아하게)"로 경쟁력을 높여라!

취업할 때까지 친구도 잠시 멀리하라!

나 또한, 삶에 이 시스템을 항상 적용해 왔지만 이제 다시 Design 해야 하겠다. 나의 3막은 학술활동을 하는 것과 오늘(Here & Now)에 초점(Focus)을 맞춰야 한다.

더 내려놓고 걸림 없이 사는 것, 봉사 활동의 시간을 늘리는 것이 될 성싶다.

상상력을 발휘해 봐야겠다. 자강불식(自强不息)을 자연다행(自緣多幸)으로 바꿔야겠다.

# 인간적 매력 "Be Liked"

우리는 수동형으로 말하는 게 익숙하지 않다.

"사랑받고 싶다."라는 말은 익숙하지만 "나는 다른 사람에게 좋아함을 받고 싶다"고 하면 좀 어색하다.

미국은 물론이고 일본도 수동형 대화나 문장이 잘 활용되고 있다.

어떤 조직 생활에서 성공하거나 취업하거나 행복하기 위해서는 누구에게나 호감 가는 사람이 되는 것이 필수 경쟁력이다.

인간이 도달할 수 있는 최고의 높은 목표를 세우고 수단매체(手段媒體)를 통해서 장애물을 제거하고 목적을 달성해야 한다.

수단매체에는 Computer, Mobile Phone, AI, 경제력 등으로 활용하고, 지적 수단매체는 지식, 지혜, 경험, 서적, 지인들과 아이디어 공유(Brain Engagement)를 활용하여야 하며, 사회적 수단매체로 "Be Liked", 인간적 매력을 높이는 것이다.

이런 것들은 교양 수준, 도덕성, 은근과 끈기, 선견지명, 호감 가는 외모, 고결한 가치관, 지도력, 성실성, 표현력, 진취성, 적극성, 배려심 등이 복합적으로 어우러져 매력을 이루게 되는 것이다.

윤석철 교수 著 『삶의 정도』를 참조하여 그림 한 페이지를 삽입한다.

## ■ How do you to get a hit in your target

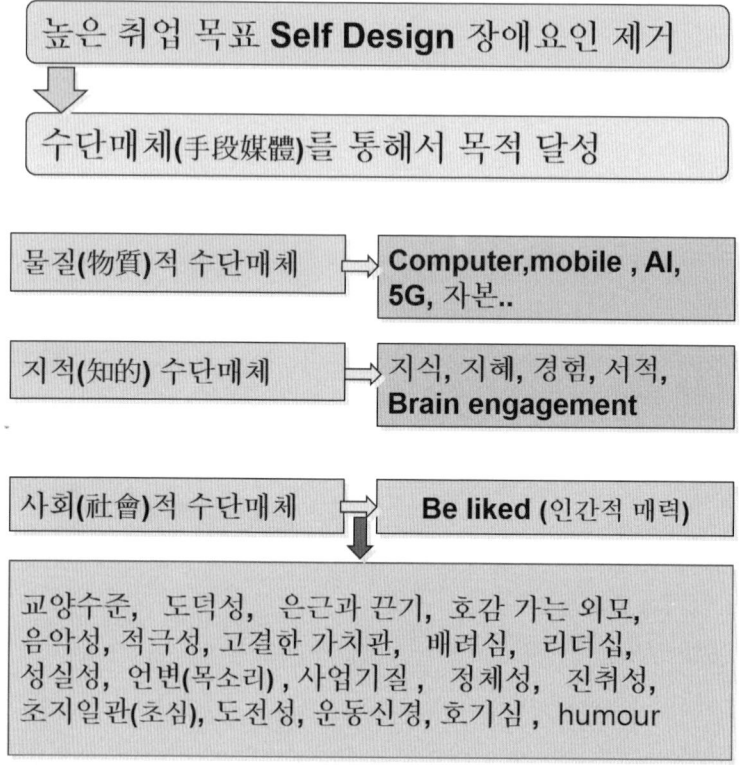

인간적 매력을 위하여

# 중간고사 시험 논제

"유행되었던 생물학적 유해인자 사건에 관하여 기술하고, 국내에 창궐한 중동호흡기증후군(MERS) 사태에 대하여 논하라."

이러한 시험문제를 내었더니 참으로 좋은 답안이 많이 나왔다.

산업 위생학에서는 유해인자를 화학적 유해인자, 물리적 유해인자, 생물학적 유해인자, 인간공학적 유해인자, 사회심리적 유해인자 크게 다섯 가지로 분류한다고 했다.

산업에서 크게 다루지 않던 생물학적 유해인자가 산업체에서도 큰 관심거리가 되고 있다.

전염성이 강하면 구성원들이 출근하지 못하거나 사업장을 폐쇄해야 하기 때문이다.

공장 가동(稼動)을 못 하게 되면 그 손실이 물리적, 인간공학적 유해인자 못지않은 것이다.

학생들은 답안에서 "사태가 수습되고 일 년 후, 간과되는 불감증"에 많은 지적을 했다. 막무가내 병문안 여전하고, 면회시간 지켜지지 않고, 선진국 병원 내 감염관리 사례도 구체적으로 기술하였다.

여느 때와 같이 채점을 하고 피드백을 하였다.

우수 답안을 써낸 세 명 정도는 발표도 하게 하였다.

학술지나, 신문에 실어도 손색이 없다. 그동안의 당근과 채찍의 결과이다.

그리고 생물학적 유해인자와 관련된 「캐리어스」라는 동영상

한편을 함께 시청하였다.

　학자 중에는 바이러스(Virus)와 같은 생물학적 유해인자로 인해 인류가 멸망할 수도 있다고 하지만 그럴 것 같지는 않다.

　사람 중 95%가 죽어도 같은 조건에서 전혀 증상이 없는 사람도 있다.

　인류가 지금까지 면면히 이어온 저력이라 생각된다.

　미래는 알 수 없지만….

# 면역력에 대하여

어린 유년시절 곱게 무균실에서 위생적으로 성장한 아이와 밖에서 흙장난하며 서민처럼 산 시골아이가 있다면 누가 면역력이 더 높을까?

당연히 후자가 월등하게 면역력이 좋을 것이다.

아이가 손가락 빠는 것을 비위생적이라고 말하며, 쓴 약을 발라서 고치려고 했던 사례도 있었다. 하지만 연구결과는 손가락 빨아 위생에 나쁠 것 같았던 아이가 성장 후 면역력이 훨씬 높았다는 보고도 있다.

현대의학의 아버지라고 불리는 의성(醫聖) 히포크라테스(Hippocrates, BC. 460~377)는 상처를 더 악화시키고 활성화하여 면역을 증강하여 치료하였다고 한다.

이천 년이 지난 지금 이 방법이 다시 관심을 끌고 있다.

그는 직업과 질병 사이의 상관관계 기술, 질병과 환경 사이에 공기와 물이 큰 영향을 끼친다고 이천사백 년 전에 주장한 바 있다. 이전에는 야생동물과 인간이 만나는 기회가 적었다. 현대는 자연스럽게 야생동물과 접촉하게 되면서 복잡한 양상으로 발전한다. 이처럼 인류는 항상 바이러스성이든 세균성이든 질병에 노출되어 있다. 이제까지 약으로 이런 질병들을 치료했지만 가장 중요한 건 면역력을 높이는 것이다. 운동, 휴식, 적절한 영양으로 평소에 면역력을 높이는 것이 산업위생에서도 활발한 연구 대상이다. 의사는 병에 걸린 사람을 치료하지만, 안전공학에서는 사고든 위생이든 사전 예방에 중점을 두고 있다.

안전공학 분야에 더 투자하고 연구하여야 한다.

암도 면역력으로 치료한다는 기사를 보았다.

건강한 면역세포를 활성화해 암세포를 공격하고 내성까지 줄여주는 치료제다. 그래서 페니실린의 발견에 버금가는 성과로 꼽힌다고도 한다. 얼마 전 지미 카터 전 미국 대통령의 피부암 흑색종을 치료한 것도 면역항암제라 한다. 우리나라의 폐암 말기 환자 역시 이 방법으로 완치해 화제를 모았었다.

인간은 현대에 와서 과보호되고 있다. 조금만 아파도 병원에 가고 약을 먹는다.

남용되고 있지 않나 생각해 볼 문제다.

# 화학적 유해인자 "자동차"
– 사건은 소홀함에서, 재앙은 편리함에서 온다

　미세먼지를 생각하면 아내의 말대로 산골 전원생활을 해야 한다.

　화학적 유해인자인 미세먼지는 중국발 요인과 더불어 여러 요인이 있겠지만 인간의 일상생활이 된 자동차 배출물도 건강을 크게 위협하고 있다.

　우리나라 경제 규모는 세계 10위권이지만 환경의 질은 130위권 밖이다.

　이 막대한 경제력은 자연을 착취해서 얻은 화석연료 때문이다. 이를 들여와 가공해서 오염물질을 배출하고 얻는 부가가치이다.

　이것을 사용하는 대표적인 것 중 일부는 자동차이다.

　자동차가 "환경의 적 1호"라고 지목되기도 한다. 주된 이유는 엔진으로부터 배출되는 가스와 입자, 그리고 이들을 매개로 생기는 2차 오염물질 때문이다.

　자동차는 미세먼지, 황산화물, 질소산화물, 스모크, 일산화탄소 등을 배출해 대기오염의 주범인 것은 물론 이산화탄소 배출과 추가로 오존을 생기게 하여 지구 온난화를 초래하는 주요 원인이기도 하다.

　높은 온도의 엔진에서 배출되는 시커먼 스모크를 포함한 입자들을 '자동차 배출물'이라고 한다. 이 입자들은 대부분 지름

크기가 매우 작은 2.5㎛ (PM2.5라고 함)으로, 머리카락 두께의 약 1/30 정도이다. 눈으로 볼 수 없는 그야말로 작은 미세먼지이다. 먼지 크기는 작을수록 위험하다.

미세먼지는 호흡기 폐포까지 쉽게 침투한 다음 혈액을 타고 몸 곳곳으로 퍼져서 건강상의 위험을 일으킬 수 있기 때문이다. 미세먼지의 노출은 천식, 기관지염, 폐렴, 폐쇄성 폐 질환(COPD) 등 호흡기 질환 발생에 직접적인 원인이 되기도 한다.

또한, 혈액을 타고 몸 곳곳으로 침투해서 또 다른 건강상의 장해를 일으키기도 한다.

이 때문에 세계보건기구(WHO)는 농도가 PM2.5보다 높으면 호흡기계 질환은 물론 심혈관계 질환으로 인한 사망 위험도도 증가하는 것으로 발표했다. 도시에서 노출되는 미세먼지의 상당 부분은 자동차로부터 나온 것이다.

경유를 연료로 사용하는 자동차, 오토바이 등에서 나오는 배출물(Diesel Exhaust)은 건강위험이 더 큰 것으로 알려져 있다.

경유 엔진은 휘발유 엔진보다 1.64km당 열 배 많은 먼지를 배출하고, 촉매가 장착된 엔진보다 삼십에서 칠십 배 더 많은 먼지를 배출하기 때문이다.

경유 배출물의 미세먼지에 반복적으로 노출되면 천식과 알레르기를 악화시키고 조기 사망, 폐 질환, 폐암 등의 건강상의 장해를 일으킬 수 있는 것으로 보고되었다. 자동차 배출물의 유해성이 큰 것은 발암물질인 다핵 방향족화합물과 황산화물, 용해성 금속 등 수많은 화학물질 덩어리이기 때문이다.

배출물의 표면적이 넓어 미세먼지에는 각종 유기용제가 많이 들러붙게 된다.

　국제암연구소(IARC)는 경유와 휘발유 자동차 배출물을 사람에게 암을 일으킬 수 있는 발암물질로 규정하면서, 배출물의 암 발생 가능성을 더 크게 평가했다.

　우리나라 자동차 보유 대수는 세계 13위로 한 대당 인구수는 3.06명이고 수입된 석유의 30% 정도가 여기에 쓰인다.

　현재 화석연료를 사용하는 자동차의 보유 대수와 일국의 경제 규모는 거의 일치한다.

　많은 사람이 자동차가 주는 편리함과 중독으로부터 벗어나야 한다. 그나마 전기자동차, 수소자동차 정책을 확대하는 것이 다행이다.

　후대(後代)를 위하여 자동차와 될 수 있는 대로 멀리하자.

　"事起乎所忽禍生乎無妄(사기호소홀화생호무망)"이라고 했다.

　큰 사건은 소홀히 하는 데서 일어나고, 재앙은 편리함에 젖어 간과하는 데서 발생한다.

# 물리적 유해인자 "전자파"
- 휴대전화에 집착하지 않는다

학생들이 스마트폰에 너무 집착한다.

보지 않아도 될 때에도, 습관적으로 자주 확인한다.

수업시간에 연실 메시지를 확인한다. 수업에 집중될 리 없다.

하루 날을 잡아 휴대폰과 멀어져야 하는 이유를 한 페이지 만들어 전달했다.

휴대전화 유해성을 강조한 이후 수업시간에 휴대폰 꺼내는 학생은 거의 없어졌다.

우리나라에서 휴대전화를 사용하는 사람이 삼천 오백만 명을 넘었다고 한다. 특히 어린이들이 휴대전화를 아무런 제한이나 권고 없이 사용하고 있는 것은 큰 문제다. 휴대전화 사용 기간이 늘어나면 어떤 건강상의 장애가 발생할지 모른다.

물질이나 기술의 편리함, 생산성 때문에 무분별하게 사용한 후 감당하기 힘든 큰 비용과 대가를 지불해야 했던 사례를 역사에서 많이 봐왔다.

과거 석면과 DDT(농약)에 대한 끊임없는 논란을 되돌아볼 필요가 있다. 이 물질들은 암에 대한 끊임없는 논란과정에서도 기적의 살충제였다고 믿었던 DDT, 군대에서는 벼룩 퇴치하려고 내의(內衣) 허리춤에 주머니를 달고 다니기도 하였다.

그런가 하면 산업 자재로 더 이상 완벽한 물질이 없다고 믿었던 석면을 삼사십 년 이상 무분별하게 사용했다. 건강상의 영향이 확실하게 밝혀지고 난 후 사용이 제한되거나 금지되었지만 이미 수많은 사람이 암에 걸린 후였다. 지금도 남아 있는 발암물질들을 제거하느라 지급해야 하는 비용은 감당하기 어려울 정도다. 확실하지 않더라도 발생 가능한 위험이 있다고 의심되면 피하는 것이 가장 좋다. 휴대전화의 사용으로 인한 위험을 피하는 방법은 한 가지이다.

휴대폰 사용을 가능한 한 줄이는 것이다.

지하철 출·퇴근 시간에 젊은이들의 1/3은 게임을 하는 것을 볼 수 있다.

휴대전화기를 사용하면 머리가 아프거나 잠이 오지 않는 민감한 성인이나 뇌의 방어막이 약한 어린이들은 긴급한 때만 사용하는 것이 바람직하다.

가능한 한 휴대전화와도 멀리하자.

# 나의 일복

성장 후 나는 평생 공백기가 없었다.

"직업이 계속 연결되었다는 것" 어찌 보면 여유 없이 피곤한 삶을 살았다고 치부될 수도 있겠다. 그러나 일할 수 있었던 것만으로 큰 복(洪福)을 누렸다고 생각한다. 일에 몰두하는 것이 습관이 되어서 그런지 몰라도 일하지 않고 산다는 것은 상상도 할 수가 없다. 일하고 싶어도 마땅한 일자리가 없으면 못 하는 것이다. 그래서 더 큰 행운이라 말하고 싶다. SK 사십 년 은퇴 후 여행 다니고, 매일 골프 치고 논다고 생각했는데 공백 없이 바로 국립대학교 강단에 서게 되었다. 은퇴 소식을 듣고 일자리 제안이 중복되어 무엇을 할까 고민을 할 정도였다. 나의 성향은 보수(급료)가 많고 환경이 좋다고 하여 가볍게 움직이는 사람이 아니다. 일거리가 주어지면 그곳에서 불필요하거나 나이 제한에 걸릴 때까지 최선을 다한다.

이제 가르치는 것도 십여 년이 되었다.

시의적절(Timely)하게 또 다른 직업의 제안을 받았다. 정년도 없는 직업이다. 내용을 보면 그 일은 내가 제일 잘할 수 있는 직업이지만 가볍게 승낙하지 않았다.

조선 시대 교육용 교재 『소학(小學)』에서 말하기를 "초년 성공을 경계하고, 『대학(大學)』에서 말하기를 노년이 되어 일자리를 끝까지 붙잡고 있는 것을 경계하라!"라고 했다.

소학편(小學編)에는 사람이 불행해지는 경우가 세 가지 있다.

첫째는 젊어서 출세하는 경우이고,

둘째는 부모 환경이 빵빵한 경우요,

셋째는 재주가 많은 경우라고 했다.

남보다 빨리 출세하고 싶고, 힘없는 부모를 원망하고, 뛰어난 재주가 없음을 한탄하는 오늘의 현실에서 보면 언뜻 이해가 어렵겠다. 풀이를 해보면, 젊어서 출세한 사람은 대개 자만해져 점점 공부를 게을리하고 더 이상 힘든 노력을 기피하게 되면서 성장이 멈추게 될 가능성이 크다는 것이다.

한편 대학편(大學編)에는 말년(末年)이 불행해지는 경우가 세 가지 있는데,

첫째는 이순(耳順)이 넘도록 직장에 다니는 경우이고,

둘째는 분에 넘치는 고위층에 올랐다가 은퇴한 경우요,

셋째는 늙어서도 정력(精力)이 빵빵한 경우라 했다.

늘그막까지 직장생활 하는 경우에는 대개 충족감이 커지기는커녕 자꾸 새로운 욕심이 생기고 초조함만 더해져서 관조(觀照)의 즐거움도 누려보지 못한 채 갈 때가 되어서야 남은 시간이 얼마 없음을 깨닫게 되는 어리석음(愚)을 범하는 경우가 많다고 하였다.

결론은 보통 집안에서 별 재주 없이 태어나 남보다 늦게 출세하는 것이 행복의 시작이요, 나이 들어서는 직장에서 적절한 시간에 은퇴하여 빈둥대다가 일찌감치 정력이 감퇴하는 인생이 가장 행복한 삶이라는 것이 옛날 사람들의 조언이다. 어찌 보면 일리가 있는 말이다.

## 가을날의 일기
- 2020년 10월 25일 (일요일)

가을이 왔다.
내가 사는 분당 중앙공원도 붉게 물들었다.
어디를 둘러봐도 아름답다.
내 나이 여기쯤일까?
아직은 치료를 위한 약도, 건강을 위하여 복용하는 영양제도 없다.
참 좋은 계절이고 좋은 나이다.